Jean-Yves Archer

Mes Chroniques d'Economie

(2013-2014)

N° ISBN : **978-1507692554**

Pour contacter l'auteur : cabinetarcher@orange.fr

Introduction : l'année 2014 dans le monde.

L'Europe et l'esprit de ses concitoyens sont marqués par la crise et la désespérance sociale que l'atonie persistante de la croissance induit. Dès lors, il peut être délicat de traiter de l'économie mondiale en 2014 tant l'homme malade de la planète est précisément notre continent. Face aux réponses à apporter, il y a d'abord les faits de type méta-historique. J'en soumets deux fois trois au lectorat.

2014 a vu la volatilité des facteurs de production s'accroître : jamais le capital n'a tant circulé. Jamais les travailleurs n'ont tant migré, que cela soit l'exode rural en Chine ou les afflux d'immigrants dans les pays dits développés. Cela étant, point d'illusion et de fausse interprétation : le capital choisit, le travail suit comme l'atteste le volume de délocalisations qui atteint l'Europe occidentale, la " vieille Europe " vilipendée par Donald Rumsfeld et qui a pourtant vu éclore – au temps du siècle des Lumières – des valeurs que nous sommes nombreux à chérir et à tenter de faire prospérer même et surtout en ces temps de chômage de masse qui attise le populisme.

2014 n'a pas vu la prospérité revenir en Occident. Les rebonds de la croissance britannique et nord-américaine sont liés au " quantitative easing ", à des politiques monétaires accommodantes et n'ont pas encore de fondements compatibles avec un humanisme sociétal. Pour cela, nous ressentons comme une dague de marrisson. La France est – quant à elle - comme tétanisée par la notion d'avenir et sa politique économique s'inscrit dans un espace temps fort étiré au regard des urgences. Songeons posément, et hors polémique obscène, que le pacte de responsabilité annoncé le 31 décembre 2013 et confirmé le 14 janvier 2014 par le décideur public ultime n'est toujours pas pleinement entré en vigueur. Le ralentissement de l'évolution haussière des PIB est un fait mondial (y compris dans les BRICS) tout comme la poursuite de l'expansion des échanges commerciaux notamment facilités par des taux de frets maritimes relativement peu onéreux. On oublie trop souvent que la compétition économique passe par l'existence affirmée de ports dignes de ce nom. En attendant le déclassement social finement analysé par Camille Peugny progresse. Et écrase d'aucunes et d'aucuns.

2014 aura vu la concentration sectorielle se poursuivre : les pays du Sud ont désormais des ambitions et des volontés d'OPA sur les cibles – décotées en bourse – des pays du Nord. L'Inde des Mittal et Tata en sont des exemples. Le Qatar aussi, sur un autre mode. Cela étant, cette dynamique de marchandisation des firmes – intéressantes pour les banquiers d'affaires - ne doit pas faire oublier la croissance organique remarquable des GAFA (Google, Amazon, Facebook, Apple). Oui, aux Etats-Unis, le soleil brille haut dans le ciel si l'on se réfère à la valeur et à l'emprise commerciale universelle de ces firmes transnationales.

2014, dans cette deuxième séquence de trois points d'analyse, aura hélas été une année chaude. Chaude au sens propre avec l'affirmation des dérèglements climatiques. Chaude aussi en termes de risques géopolitiques. A un Irak prospère potentiel, à une Syrie apaisée, à un Liban confirmé, à une Jordanie stabilisée, à un conflit entre Israël et ses peuples voisins contenu et endigué, l'observateur aux yeux embués doit constater que le conflit l'emporte sur l'économie. Ou plus exactement que l'économie de la guerre passe ses nerfs sur ses patries au nom d'idéologies à lourde connotation qui donnent envie de relire Elie Barnavi (Les religions meurtrières, Flammarion, 2006). 2014 est l'année du réarmement pour plusieurs nations et cela n'augure pas des conditions de l'essor économique. De celui qui vient de la Paix et non de la puanteur de l'usage des armes.

2014 est par ailleurs une année de transition en matière d'exploitation des mers. Depuis les algues jusqu'aux nodules polymétalliques, l'humanité est devant un chantier remarquable à condition de respecter les ressources et de savoir lire les messages d'Erik Orsenna en matière d'utilisation parcimonieuse de l'eau en général. Le chantier positif du fond des mers ne doit pas exclure la prudence pour les nappes phréatiques. Prudence ne signifiant pas précaution comme l'a écrit Jean de Kervasdoué adepte d'une réforme dudit principe à valeur constitutionnelle en France. Analyse que nous partageons.

2014 a été une année que feu le Doyen Henri Bartoli, Juste parmi les Nations, aurait aimé voir. En effet, 2014 a vu la faim reculer à l'échelle de la planète (Le Monde, 16 septembre 2014) et tout citoyen ne peut que s'en réjouir. Cela étant, comment accepter que 2014 ait vu le nombre d'obèses augmenter (coûts sanitaires induits type diabète, etc) ? Comment tolérer passivement les foyers de malnutrition qui poursuivent leur extension ? Même dans la sphère hanséatique, le concept de travailleurs pauvres existe. Dans notre Europe, il appert que certains décideurs devraient lire ou relire Jacques Prévert : " Il est terriblele petit bruit de l'œuf dur cassé sur un comptoir d'étain,il est terrible ce bruitquand il remue dans la mémoire de l'homme qui a faim,elle est terrible aussi la tête de l'homme,la tête de l'homme qui a faim. " (La grasse matinée).

Après ces six points survient le septième, tel le dernier jour décrivant hic et nunc une année, qui se subdivise alors en quatre propositions à l'instar des quatre saisons.

Tout d'abord, la lutte pour l'éducation doit incessamment se poursuivre au-delà de toutes les frontières et barrières en tous genres. Seule cette lutte est digne d'un combat total. Trop d'illettrisme, trop de décrocheurs, etc ne sont pas gages de la contribution à la prospérité économique de l'après 2014.

Puis, il y a désormais du fait des réfugiés et des déplacés climatiques une bataille pour la terre :

la terre pour résider. La terre pour bâtir un projet de vie. A cet égard, il n'est pas superflu de relire certains passages du livre complet de Jean-Louis Guigou (La rente foncière, Economica, 1982).

De surcroît, cette bataille pour l'occupation des sols (2014 année record des réfugiés) est directement économique. La dynamique spatiale est un des vecteurs de la prospérité et 2014 aura été une sale année sur ce terrain.

Parallèlement, je ne m'inscris pas dans la sphère intellectuellement respectable de certains déclinologues non polémistes et préfère relire les développements que Jacques Attali dédie aux futurs contours du progrès dans son dernier livre (Devenir soi, 2014, Fayard). Michel Poniatowski avait publié " L'avenir n'est écrit nulle part " (Albin Michel, 1978) : j'affirme qu'il peut ne pas être noir. " Je le crois parce que je l'espère " (Léon Blum).

Enfin, 2014 aura vu monter des externalités négatives selon le terme des économistes notamment du fait de violences urbaines dépourvues parfois de finalités revendicatives. Ces phénomènes ont un coût pour la collectivité et s'explique parfois par le discrédit qui affecte la parole politique sans même évoquer le combat de notre éminent camarade Daniel Lebègue face aux pratiques opaques et répréhensibles qui mitent le capitalisme mondial. La corruption n'est jamais la fiancée des modèles économétriques et dès lors elle induit des biais cognitifs qui sont préjudiciables à la prospective ciblée sur un mode raisonnable.

2014 aura été une année de faux plat économique, d'une regrettable relance du froid avec la Russie (ce qui va impacter bien des comptes en 2015) et de poursuite de la mondialisation. Il aurait été loisible d'inonder cette contribution de dizaines de chiffres mais compte-tenu du niveau connu du lectorat, j'ai opté pour une note d'argumentaire que je conclus avec une citation adaptée à 2014 : " Le véritable lieu de naissance est celui où l'on a porté pour la première fois un coup d'œil intelligent sur soi-même. " (Marguerite Yourcenar, in Mémoires d'Hadrien, Plon). Le monde l'a fait, en cette année 2014, à l'OMC (Organisation mondiale du commerce) où grâce aux efforts patients du Directeur général sortant Pascal Lamy, la Chine – après son adhésion du 11 décembre 2001 - a désormais accepté ce lieu de naissance du monde de demain. C'est un fait porteur.

La rémanence de cette crise économique dans nos cœurs comme dans nos sorts est difficile. Incontestablement. Dès lors, 2014 nous laisse un goût mitigé que le dentifrice de l'Histoire ne pourra gommer. En revanche, dans un cadre républicain et laïc, il ne saurait être superfétatoire de se souvenir de ce puissant mot de Michel-Ange, génie parmi les hommes, qui a écrit : " Dieu a donné une sœur au souvenir et il l'a appelée espérance ". Bientôt 2014 s'estompera, pas notre capacité existentielle nourrie d'espoir qui est consubstantielle de notre passagère condition humaine.

Avec l'expression de mon dévouement,   Janvier 2015.

Jean-Yves Archer
Economiste

Sommaire

LA QUESTION FRANCO-ALLEMANDE

I. Allemagne : de l'hinterland à la Mitteleuropa

II. Notre avenir possible : France 2025

III. France : ta compétitivité évanouie

L'EQUATION BUDGETAIRE

IV. Le psychodrame programmé du collectif budgétaire

V. Le budget 2015 : à pile ou face ?

VI. Le budget 2015 et ses illusions

VII.   Le budget 2015 face à Bruxelles

VIII. Le budget 2015 : et si le pire était à venir ?

IX. Vers la dure crispation du budget pour 2016

X. Dépenses publiques : 57% du PIB, la maldonne

XI. France : une dette à 260% du PIB

XII. " Pas d'impôt supplémentaire " ?

XIII. La Cour des comptes et les préfets

XIV. Bilan de la Cour des comptes européenne et proposition

RISQUES BANCAIRES ET SUJET DU CREDIT

XV.   Emprunts toxiques : le coup de Jarnac à 17 milliards

XVI. Le " credit crunch "

XVII. Les stress tests et la BCE

XVIII.   Les assurances-vie en déshérence

EN TRAITANT D'ECONOMIE

XIX. L'énigme de la formation des prix

XX. Investissements : les surprises de l'analyse

XXI. Innovations et réindustrialisation

XXII. Virulence du chômage de masse

XXIII. Les conglomérats

XXIV. Intrapreneurs : une piste féconde

XXV. L'étonnante inertie de la politique économique

XXVI. Crise et volitions des économistes

XXVII. Instabilité économique et Eglises

XXVIII. Les tenailles de la déflation

XIX. Jean Tirole : notre Prix Nobel d'économie

L'APPORT AMBIGU DES DECLINOLOGUES

XXX. Eric Zemmour : le slalom de la Peur

XXXI. Monsieur Zemmour et notre Europe

ECONOMIE ET POLITIQUE

XXXII. Citoyens et dislocation du politique

XXXIII. Le crépuscule des élus ?

HOMMAGE

XXXIV. Hommage à Simon Nora, ami d'épreuves

CONCLUSION

XXXV. " Devenir soi" (Jacques Attali)

ANNEXE

XXXVI. En guise de portrait chinois

La question franco-allemande

I

Allemagne : de l'hinterland à la Mitteleuropa ?

Les mois qui viennent vont être d'importance pour le couple franco-allemand. Le binôme Merkel – Valls parviendra-t-il à apaiser les frustrations et à aplanir les incompréhensions ? Ce sujet lié au couple franco-allemand s'inscrit dans la dynamique de l'exaspération qui monte Outre-Rhin et qui aura des répercussions tangibles sous cinq ans.

1) De 1989 à 2014 : le temps des espoirs

Evoquant ce mois de novembre 1989, nous gardons tous un beau souvenir de ses visages allemands radieux qui filaient vers la liberté tandis qu'Antoine Riboud se tenait proche de son vieil ami Mstislav Rostropovitch dont les notes de musique s'envolaient vers le ciel de Berlin. Ciel dont nous pensions alors que les nuages en étaient éloignés pour longtemps.

Par-delà les réussites diplomatiques et techniques qu'ont été la réunification et le mise en place de l'euro, près de 25 ans plus tard nous savons que la Chancelière Merkel a rendez-vous, d'ici à quelques mois, avec les représentants du président Poutine pour négocier le maintien des volumes de gaz russe que l'Allemagne est dans l'obligation d'importer.

Près de 25 ans plus tard, ce triste relent de guerre froide – attisée par une politique américaine opportuniste qui décidément connait mal l'histoire de l'Europe continentale – peut annoncer des rétorsions économiques mutuelles d'envergure.

Le temps des espoirs a été jauni par la violence des mutations économiques (crises de 1993 et de 2008) et par l'essoufflement conséquent du projet européen.

2) De 2008 à 2014 : le temps des épreuves

La réunification allemande a été accomplie avec douleurs sociales et césures sociologiques. Elle a été une épreuve et désormais le peuple allemand veut pouvoir profiter des dividendes de ses efforts collectifs. Qui saurait contester ce type d'aspiration plus que légitime ?

En 2014, après six ans d'une crise qui étreint le quotidien de millions d'Européens, nombre de Françaises et de Français songent à une nouvelle " révolution " stimulés qu'ils sont par les écarts de certains politiques et les discours de type " tabula rasa " (voir le désormais fameux slogan de Jean-Luc Mélenchon : " du balai ! ").

Alors qu'en 1989, la France fêtait sur les Champs-Elysées et ailleurs la joie du bicentenaire de la Révolution, nous sommes désormais dans une France atteinte de " conniption " pour reprendre un terme anglo-saxon explicite. Les mois qui filent ne démentent pas les analystes qui pressentent une possible fêlure sociale d'envergure.

En reprenant différents dossiers supranationaux, on observe que depuis 2008 la construction européenne est comme aux abois et qu'elle n'a pas pu (ou su) représenter une force motrice d'apport à la résolution de la crise. Elle a bâti dans la douleur des pare-feu pour sauver la monnaie unique et opté pour une lecture libérale qui a induit l'austérité et son âpreté dans bien des pays. Etait-il avisé de mener de telles politiques pro-cycliques qui ont altéré le potentiel de croissance ?

Sur le plan des soutiens des créanciers aux pays menacés, l'Allemagne a accepté, bon gré mal gré, son statut de nation-phare mais n'entend pas voir ce type d'épisode se renouveler comme le dit fréquemment le professeur Marcus Kerber. D'autant que la ligne ouvertement anti-euro a désormais pris une figure partisane assez dynamique : " L'Alternative ".

Trêve de casuistique, l'opinion allemande subit l'Europe plus qu'elle ne la soutient. Elle la supporte mécaniquement plus qu'elle ne veut porter son devenir. Tout le monde garde en mémoire les interventions écrites du ministre Joska Fisher qui voulait " parler " avec ses voisins d'une vision pour l'Europe. Où sont ses successeurs ? Où est passée la vista allemande ?

Oui, de facto, les craintes de François Mitterrand de voir la grande Allemagne jouer un jour en solo sont en passe de se réaliser et matérialisent ce temps des épreuves.

3) De 2014 à 2019 : le temps des solutions

L'histoire nous enseigne que l'Allemagne est un peuple dynamique et doté d'une sérieuse ardeur. Aux temps des épreuves, ce pays va opposer le mot de solution. Dans les meilleurs délais. Donc, potentiellement avant le terme du mandat de l'actuelle Chancelière qui a probablement envie d'inscrire son nom dans l'histoire de son pays pour un autre motif que le sauvetage des banques de Chypre...

" Un des vrais échecs de la zone euro, c'est que bien d'autres pays de la germanosphère (Autriche, Tchéquie, Hongrie, etc) rêvent désormais d'une monnaie commune à cet ensemble habituellement qualifié de Mitteleuropa " (in " Allemagne exaspérée et syndrome de la Mitteleuropa " diffusé sur ce site en avril 2013)

Un an et demi plus tard, cette phrase est confortée par différents sondages réalisés dans les pays cités. De plus, l'économiste et ses exigences rejoindrait la volonté du rentier allemand par la constitution d'une " zone monétaire optimale " chère à Robert Mundell et fréquemment citée par Christian Saint-Etienne.

Pour parvenir à une monnaie commune à la Mitteleuropa, il y a d'évidence un dur chemin diplomatique à parcourir.

En signal faible et donc peu repris par les médias, l'Allemagne a très récemment franchi un pas en rejoignant le camp des européens qui pensent qu'il faut mettre sur pied des coopérations renforcées thématiques selon les pays. On retrouve là ce que Edouard Balladur avait, il y a plus de dix ans, nommé la pratique des cercles concentriques.

Dans l'idée de bien des parlementaires français, ceci est un progrès et devrait permettre de renforcer l'axe franco-allemand. Selon notre analyse – et notre examen – des flux économiques et des participations financières croisées, cette nouvelle option diplomatique à confirmer dans les faits n'est rien d'autre qu'une porte ouverte sur un bloc réunissant l'Allemagne et son hinterland. VW et Skoda bien davantage que l'illusoire Alstom et Siemens...

En moins de cinq ans, ce bloc sera peut-être si fortement soudé qu'il sera nécessairement enclin à vouloir se doter de règles communes. Ira-t-il jusqu'à quitter l'euro et l'Europe (article 50 du Traité). Je le redoute car rédiger une Loi suprême pour la Mitteleuropa pourra paraître une œuvre autrement exaltante que le maelstrom que représente la gestion européenne à 28.

Il y a douze ans, de jeunes européens parvenaient à rédiger la " Constitution européenne de Cluny " : qui s'en souvient ? Qui s'en soucie ? Qui prend le temps de porter le flambeau de l'idéal européen ? Signalons à cet égard les travaux de l'association co-fondée par

Maître Jean-Pierre Mignard : " Sauvons l'Europe ! "

Oui, il risque bien de s'agir d'un sauvetage si l'hinterland allemand et sa nation de référence font sécession. Nul ne peut l'imaginer à ce stade. Et pourtant. Nul n'a d'argument absolu pour écarter cette hypothèse qui pourrait surgir de notre devenir alors disjoint et maigrement coopératif.

Pour l'Ecosse, quitter le Royaume-Uni comportait en effet une sérieuse part d'aléas. Pour la Mitteleuropa soudée comme un pack de rugby, quitter l'Europe c'est abandonner une copropriété au syndic imparfait et aux voisins économiquement vulnérables.

Le V4 (fondé le 15 février 1991) de Visegràd réunit la Pologne, la Tchéquie, la Slovaquie et la Hongrie. De ses travaux, il ressort que ces Etats militent – et anticipent (?) – une politique subrégionale de portée unificatrice. Autrement dit, la marche vers l'émergence d'un bloc dynamique et uni à l'Allemagne aussi doté de célérité que ne le fût la stratégie de Gudérian.

Il n'est pas superflu de préciser que ce groupe de Visegràd tient son nom d'une initiative similaire prise en 1335. Nous sommes donc en face d'un courant historique doté de sept siècles de recul à comparer aux 70 ans qui nous séparent du deuxième conflit mondial.

Conclusion

Si l'on s'en tient à l'examen objectif des faits et tendances développées Outre-Rhin, il y a maintenant un espace politique et diplomatique crédible pour couronner la solution opérationnelle d'une Mitteleuropa à visage institutionnel et monétaire.

Madame Merkel y pense-t-elle en citant Léon Blum : " Je le crois parce que je l'espère ". Le proche avenir le dira.

A Allemagne ardente, hinterland irrédente ?

A Mitteleuropa triomphante, Suisse obligeante ?

II

2025 : Analyse du rapport " La France dans dix ans " de Jean Pisani-Ferry

L'économiste méthodique et rigoureux qu'est Jean Pisani-Ferry vient de remettre au Président de la République un rapport traitant de l'état de la France dans 10 ans. L'objectif est de baliser le chemin d'une vie plus harmonieuse et meilleure d'ici à 2025. Une question d'évidence se pose : avons-nous les moyens collectifs de l'ambition portée par ce rapport ?

1) En guise de recension perfectible :

En matière de rapport à valeur prospective, il faut toujours se souvenir du " scénario de l'inacceptable " émis par la DATAR en 1971 et qui avait pour horizon l'année 2000. La crise du logement et l'hypertrophie de la Région parisienne, le mitage du tissu agricole par le développement pavillonnaire, les inégalités spatiales et les risques d'abandon de territoires par les services publics. Tout ceci était envisagé et bien entendu repoussé d'un revers de main : tout ceci est pourtant notre lot et notre fardeau collectif quotidien.

Cela conduit donc à un principe de méthodologie : toute réflexion prospective doit décrire une probabilité d'occurrence des évènements (ce qui risque de survenir) et se garder de saupoudrer des velléités de souhaits (ce que l'on voudrait voir arriver). Pour cela, le rapport Pisani-Ferry est en quelque sorte au milieu du gué. Lucide sur notre avenir mais concomitamment volontariste quant au destin de la France où l'on doit " vivre mieux dans une décennie ". Que penser en effet de l'objectif " de réduire d'ici 10 ans de 30% (trente) le prix des logements (page 159) alors que nous vivons les affres de la loi ALUR ?

En deuxième remarque méthodologique, il faut noter avec grand intérêt les annexes chiffrées que comportent le document " Repères pour 2025 ". Facilement téléchargeable, ce texte (complémentaire du rapport principal) reprend la position relative de la France au regard des pays de l'OCDE. Là se trouve bien l'ampleur de nos défis visuellement rapportés et du " coup de collier " que la nation doit donner faute d'avoir à expérimenter le péril social et le tracas démocratique. Si la France doit à nouveau être mise en capacité de " faire école " (p. 31 et 39), elle doit lutter contre la fracture éducative (p.104), contrôler sa dette publique, retrouver une " promesse républicaine d'égalité " (p.62) et juguler le " pessimisme des citoyens " et " retrouver le goût des lendemains " (cf. introduction).

En troisième remarque méthodologique, le rapport Pisani-Ferry se consacre à une question : quels sont les leviers que la sphère publique doit utiliser pour parvenir à nous sortir de l'ornière, qu'il s'agisse de la dette, des décrocheurs scolaires, des discriminations, etc. Afin que nous puissions retrouver un rang économique plus favorable et un " modèle social lisible et inclusif " (p.149).

L'architecture du rapport est claire : la première partie est intitulée " Dans dix ans " et n'est pas contestable tant il semble exact que le monde sera plus instable et la mondialisation renforcée. " La connectivité universelle, l'internet des objets, l'exploitation massive des données individuelles, l'enseignement à distance et la médecine de précision façonneront une vie quotidienne dont les grandes lignes sont déjà visibles" (p.18). A cet égard, le texte cite l'éminent rapport Lauvergeon sur l'innovation daté d'octobre 2013.

La deuxième partie : " Ce qui nous entrave " souligne à bon escient la dichotomie entre le ressenti de l'excès de réformes à rapprocher du fait que la France doit derechef se réformer dans bien des domaines sous peine de déclassement et de revers sociaux. De même, cette partie développe avec sagacité le fait qu'il n'y a que rarement " d'appropriation citoyenne " des réformes (p.55). Et pourtant cette deuxième partie semble laisser un goût amer au lecteur car elle est aussi pertinente que trop convenue. Pertinente ? Lorsque le rédacteur écrit une phrase-clef en page 58 : " La France a besoin d'une méthode de réforme qui dépasse l'alternative entre une circonspection paralysante et un radicalisme oublieux des exigences de la démocratie politique et sociale " et qu'il stigmatise le danger des politiques en silo (compartimentées) " qui contribuent parfois à l'inégalité en protégeant davantage ceux qui sont déjà les mieux insérés ". Trop convenue ? Lorsque la liste des entraves présentes reste fort allusive et donc partielle. Ainsi, il faut attendre les pages 138 et 144 (chapitre 11 : économie du mouvement) pour voir évoqué en cinq lignes la question visant à " faciliter le financement des entreprises ". Pour qui a lu récemment Messieurs Aglietta, Orléan, Pastré ou certaines analyses sur le " credit-crunch" qui semble bel et bien s'inscrire dans la durée et faire s'apparenter les banques à des prêteurs sur gages, on ne peut que vivre avec étonnement l'infime part du rapport dévolu à la circulation monétaire dans notre économie.

La troisième partie s'intitule : objectifs à 10 ans et reprend un diagnostic affiné de notre situation. Depuis les excès de " raffinement byzantin du droit " (expression du Conseil d'Etat en 1991) à la nécessaire réforme territoriale en passant par une vraie évidence démocratique que nous partageons : il faudra rapidement aboutir au fait que le monde des élus ressemblent davantage aux hommes et femmes de la rue. Plus avant le rapport Pisani-Ferry décortique la " fracture éducative " (p.104) et rappelle la phrase de l'économiste Jan Tinbergen relative à " la course de vitesse entre éducation et technologie " (p.19).

Dans la quatrième partie (" Un chemin "), le Professeur Pisani-Ferry fait référence aux travaux de Hausman, Rodrik et Velasco (2006) (p.180) pour adhérer à une méthode en termes de réformes. Du fait de la rareté des ressources budgétaires, tout ne peut pas être entrepris. Il faut donc éviter le piège classique de " la liste de courses " (Dani Rodrik cité en page 57) et de la série d'objectifs pour recourir à une méthode graduelle de détection des obstacles qui écartent de la réalisation de l'objectif.

Véritablement, cette préconisation fait sens surtout si l'on songe aux blocages du marché du travail et à son caractère dual. Cela étant, il paraît regrettable que le rédacteur n'ait pas davantage chercher à associer le Parlement au plan opérationnel. Rappelons-ici le premier alinéa de l'article 24 de la Constitution qui est ainsi libellé : " Le Parlement vote la loi. Il contrôle l'action du Gouvernement. Il évalue les politiques publiques ". De facto, cette omission (hélas fréquente) ne s'inscrit pas en convergence avec une phrase importante énoncée en page 10 : " Les institutions, c'est ce qui fait la force des nations ". Alors que le rapport rappelle opportunément la complexité administrative présente de notre pays, il ne défriche pas ce terrain, à regret.

2) Quatre points additionnels d'analyse :

2.1) La sous-estimation de l'illettrisme

En fonction de recensement pratiquement " au doigt mouillé ", on estime à 2,5 millions le nombre d'illettrés en France. Les conclusions de certains travaux de ce fléau qui fût (qui s'en souvient ?) grande cause nationale en 2013 montrent que la situation est plus lourdement significative et qu'elle subit une dynamique haussière. Puisque la page 33 du rapport indique " What gets measured gets done " (ce qui se mesure se réalise), il est légitime de relever qu'aucun appel à une meilleure connaissance statistique de notre société complexe n'est appelée voire réclamée. Sur aucun sujet d'envergure. Or, il est clair (voir travaux de Francis-Louis Closon, directeur général de l'Insee de 1946 à 1961) que l'on peut toujours s'améliorer et sortir du mythe de la caverne que les méandres sociétaux nous imposent parfois. Sur l'illettrisme, l'élite française a une pensée négligée voire indigente. (http://www.lesechos.fr/idees-debats/cercle/cercle-75526-la-republique-nous-doit-des-lettres-1006938.php#gauche_article).

2.2) La révolution en marche

Nous vivons, pas à pas, une révolution numérique d'une ampleur insoupçonnée qui est accompagnée d'un basculement des sphères d'influence nationale vers l'Est de notre globe. Le rapport pose que l'industrie est délocalisable et ne dédie pas de réflexion quant à l'avenir des services alors qu'il y a matière à débat. Jamais les facteurs de production n'ont été aussi mobiles à une telle échelle. Un salarié d'Allianz peut travailler depuis Londres, Paris ou Singapour sur le même dossier. Ce nomadisme du salariat (subi ou choisi, voir l'exil de certains jeunes Français) et la portabilité du travail à effectuer seront deux pierres d'angle de notre future société.

2.3) La vie moderne et la perception de sa trajectoire

Michel Foucault a subtilement écrit : " La vie ne se définit plus par des positions mais par des trajectoires ". Effectivement, les citoyennes et citoyens de France sont las de déployer tant d'efforts pour si peu de résultats. Loin des Trente glorieuses, ils ont l'impression d'être interchangeables et de faire du sur-place. A ce stade, il convient de citer " l'effet de dotation " mis en évidence dès 1980 par les travaux de Richard Thaler. Cet effet de dotation décrit le fait que le salarié ou l'entrepreneur souffre davantage d'une perte par opposition avec la satisfaction contenue qu'il a de percevoir un gain équivalent. Autrement dit, l'homo œconomicus moderne est plus réceptif aux changements (de ses revenus, notamment) qu'à la valeur absolue de départ. Cette perception de la trajectoire se retrouve dans la peur du déclassement social qui court tel un mauvais feu de broussailles dans nombre de foyers de France. (http://archives.lesechos.fr/archives/cercle/2012/08/07/cercle_51859.htm)

2.4) Les indicateurs et le profilage des objectifs

Le rapport évoque l'économiste Jan Tinbergen (supra) et il revient à celui-ci d'avoir posé les bases de l'économétrie moderne dès 1929. En page 33, le Professeur Pisani-Ferry évoque l'opportun " Better life index " issu des travaux de l'OCDE. Parallèlement, il relève à raison que des progrès ont été faits avec l'indice de développement (IDH) et l'indice de richesse inclusive (IRI). De manière volontairement évasive, ce rapport important (par son contenu, son actualité et son destinataire) ne mentionne en rien les progrès de l'économie politique pour aider le décideur public à mieux réformer. Or, cette discipline est requise pour qui veut atteindre les objectifs fixés à 2025. Etrange silence que quelques paragraphes auraient mérité de rompre.

Conclusion

Raymond Barre n'a cessé de répéter qu'il ne faut pas confondre économie politique et sciences économiques et sociales. La quantification économétrique est un point d'éclairage au sein du faisceau lumineux plus global de l'économie politique. Pour conclure, prenons une citation du Doyen Alain Bienaymé (in " Les grandes questions d'économie contemporaine ", 2006, page 446) : " L'ambition de donner au discours sur l'économie sa dimension scientifique ne saurait faire oublier que l'économie est aussi, plus que jamais, " politique ", parce qu'elle est une composante essentielle de la " polis ", matière vivante de l'histoire. Le développement des sociétés par la division du travail, la spécialisation des hommes et des organisations, fragmente, sépare, dissocie ce qui fût naguère uni. L'action économique, constamment en quête de progrès, ébranle la cohésion de la société, car il s'agit de progrès partiels. "

D'ici 2025, les femmes et les hommes de Raison forment ardemment le vœu que la cohésion sociétale soit maintenue. La France et ses habitants (nationaux et autres) le méritent.

III

France : ta compétitivité évanouie.

Depuis le rapport Gallois qui est à la veille de son deuxième anniversaire, le diagnostic est clairement sur la table des décideurs publics et des entrepreneurs privés. La France a vu sa compétitivité s'évanouir. Et ses capacités à rebondir paraissent loin de rugir.

La compétitivité d'une nation est omnisectorielle : elle vise tout autant l'agriculture, que les industries et bien évidemment les services. Il était logique de se focaliser sur la dangereuse désindustrialisation de notre pays : il serait quelque peu dérisoire et absurde de ne pas se préoccuper de la compétitivité des services qui sont l'employeur central de France.

Or, nombre d'études partent bille en tête sur la question industrielle et gomment les défis qui attendent sous 5 ans les services. Progrès de productivité et rationalisation de l'emploi par recours à des systèmes experts, concurrence internationale, transparence corrélée des prix pour le consommateur via les recherches sur internet, délocalisations (fabrications de chéquiers en Inde, payes au Pakistan) etc sont autant de variables motrices d'un univers de production en ébullition.

L'INSEE retient deux composantes majeures dans sa définition de la compétitivité : " La compétitivité-coût compare l'évolution des coûts salariaux unitaires de la France (évolution du coût du travail corrigée de celle de la productivité) à celle de ses partenaires. Le poids donné à chacun des partenaires mesure la concurrence exercée par celui-ci sur chacun des marchés d'exportation de la France. Il prend en compte l'importance du marché pour la France (mesurée par son poids dans ses exportations) et la part détenue par le concurrent sur ce marché.De la même manière, la compétitivité-prix à l'exportation compare l'évolution de nos prix d'exportation à celle de nos partenaires. Le taux de change peut avoir un impact important sur la compétitivité-prix : une dépréciation de la monnaie nationale entraînera une amélioration de la compétitivité-prix. "

Cette définition est bien évidemment recevable et pertinente : elle n'en demeure pas moins tournée vers une logique de type commerce extérieur et lisse l'aspect de la compétitivité intérieure. Autrement dit, si votre police d'assurances est proportionnellement plus chère qu'il ne conviendrait, son caractère purement domestique la sort des préoccupations des gens de statistiques qui suivent fidèlement la logique intellectuelle de l'INSEE et de bien d'autres éminents organismes. Ainsi, la structure relative des prix intérieurs n'est pas abordée et on ne traite pas de l'intégralité de la question du pouvoir d'achat. De la vision exhaustive des coûts de la transformation dans notre pays donc des méandres – plus ou moins justifiés – des circuits de commercialisation. Or la compétitivité d'un bien ou d'un service, c'est bien sa capacité à être " placé " face à une offre concurrente donc la logique d'appréhension des circuits est une variable-clef.

La compétitivité de la France est en berne et le mot de Montaigne s'applique : " Il y a plus d'allégresse à assaillir qu'à défendre. (...) Entreprenez froidement mais poursuivez ardemment ". Oui, selon les secteurs, notre pays est à l'offensive ou à l'inverse en mode tristement défensif. Il y a donc une analyse par filières à conduire (mésoéconomie) sinon le terme généralisant de compétitivité devient vite un faux-ami pour l'analyste ou le praticien des affaires.

De facto, la compétitivité suppose une prudence que Philippe Herlin évoque au sujet des banques

(" Repenser l'économie ", 2012) : " Faire une addition est la chose la plus bête du monde, on l'apprend dès la maternelle, mais ce n'est pas une opération neutre, loin de là, puisqu'en la réalisant, on efface le réseau justement ! On efface la complexité, les interrelations, les liens de dépendance, la répartition très inégalitaires des entreprises dans un secteur, etc. " Autrement dit, appliqué au cas présent, bien des recherches sur la compétitivité reposent sur des additions délicates à manier. Un exemple pris depuis la comptabilité analytique de la plupart des grands groupes ? Les conditions d'imputation des frais de siège (et des salaires liés) aux salaires directement opérationnels. Les clefs de répartition interne des prestations faites pour l'entreprise : les anciens TFSE (travaux fournitures et services extérieurs) qui relèvent parfois de filiales dédiées ce qui provoque un effet loupe sur le prix facturé donc sur la compétitivité finale.

Dans un travail à relire avec intérêt, le rapport Debonneuil et Fontagné (" Compétitivité ", 2003, Conseil d'Analyse Economique) insiste sur " les externalités locales pures dues aux échanges d'information et de connaissances ("spillovers " technologiques) ". A bon droit, tant les mutations technologiques vont relancer le concept d'externalités introduit dans la fonction de production notamment par Messieurs Malinvaud, Carré et Dubois. Plusieurs recherches ont effectué une segmentation entre les externalités de " localisation " (intrasectorielles

) et les externalités dites " d'urbanisation " car intersectorielles.

Ces spillovers technologiques obligeront, selon nous, à une reconfiguration de l'appareil statistique qui fournira ainsi des résultats plus étayés et probablement affectés de différences sensibles.

Pour qui veut améliorer la compétitivité de manière concrète, il existe un livre fort instructif : " Techniques d'amélioration continue en production " (de Robert Chapeaucou, Dunod, 1998) qui étudie notamment l'AMDEC (Analyse des modes de défaillances, de leurs effets et de leur criticité). Il serait en effet raisonnable d'intégrer systématiquement les défauts et mises au rebus dans le calcul de la compétitivité surtout en ces temps requis de production éco-responsable.

L'estimation du coût d'un produit demeure un acte complexe. En page 121 de " Le management par les contraintes en gestion industrielle ", Philip Marris écrit " Nous consacrons une section (...) aux lacunes des systèmes de répartition des coûts indirects. En effet, la méthode OPT et la Theory of constraints ont préconisé des solutions dans ce domaine qui contiennent d'importantes lacunes portant atteinte à la crédibilité de l'ensemble ".

Clairement quand un opérateur est situé en aval d'un goulot d'étranglement, sa productivité apparente et mesurée baisse mais d'où vient le bug ? La compétitivité est une notion à aborder tout au long du déroulé de la chaîne de valeur et de ses implications opérationnelles.

Pour conclure, on lit fréquemment la référence à la taille critique. Loin de nous l'idée de nier la validité de ce concept mais il faut savoir s'inscrire dans la nuance. " Prétendre que les grandes structures industrielles sont plus efficaces que les petites, n'a pas de sens non plus. " (Président François Dalle, in " Le sursaut ", Dalle & Bounine, p.98, 1994). Le combat pour la compétitivité commence tous les matins, pour les emplois et le succès. Le combat pour la compréhension du concept de compétitivité nous semble encore dans les jolies brumes de l'aube. Un chantier mérite d'être ouvert.

L'équation budgétaire

IV

Le psychodrame programmé du collectif budgétaire

Le 11 Juin 2014, le Conseil des ministres a adopté le projet de collectif budgétaire qui a ensuite été soumis à l'examen et aux votes des deux Assemblées. " Maintenant, ça va tanguer ! " (pour reprendre une expression fameuse de Pierre Mendès-France le soir du 10 Mai 1981) pourrait bien être le destin intrinsèque de ce texte où les pouvoirs exécutif et législatif sont face à face bien davantage que côté à côte.

Face à face car une large partie de la majorité parlementaire ne considère pas avoir été élue en Juin 2012 pour mener une politique de l'offre clairement d'inspiration social-démocrate. Mieux, de Barbara Pompili (EELV) à Yann Galut ou Pascal Cherki, bien des voix sonores considèrent qu'il s'agit de mener – à grands regrets - une politique social-libérale. Ces antagonismes de perception et de compréhension mutuelles sont essentiels car ils vont rendre les débats animés et les arbitrages délicats.

Le ciment du psychodrame est là.

Première conséquence économique d'importance : une fois de plus, notre pays risque d'être marqué par l'instabilité fiscale. Il suffit de se reporter aux récentes déclarations de la députée Karine Berger sur le calendrier prévisionnel d'allègement et de suppression de la C3S. Ses affirmations partagées par des parlementaires ne recoupent pas les déclarations préalables de Bercy. Idem sur le sujet de la sortie de près de 2 millions de Français du champ de l'impôt sur le revenu. Ce thème risque d'être la matrice d'une cristallisation des antagonismes. Là où l'économiste attentif à l'Histoire garde en mémoire la parfaite convergence entre Raymond Barre et le tonique Marc Blondel qui estimaient que tout le monde doit payer l'impôt au nom du principe d'appartenance à la Nation et du droit d'influencer ses choix économiques. Le syndicaliste allant même jusqu'à rappeler que l'impôt " c'est le cordon ombilical de la citoyenneté " (http://www.liberation.fr/economie/2001/01/12/contre-marc-blondel-fo_350792)

De facto, les amendements généralement examinés en séance de nuit vont tordre le schéma de l'Exécutif et d'autant plus que l'observateur averti sait qu'il y a des nuances – pour ne pas dire plus – entre les analyses du ministre Michel Sapin et du secrétaire d'Etat au budget Christian Eckert. Ainsi, chacun mesure les pièces du puzzle qui va conduire notre Nation à un psychodrame programmé et à des lézardes relationnelles avant que le mot de compromis ne sorte de l'encrier délibératif collectif.

D'évidence, le mois de Juillet verra le texte aboutir mais dans quel état et pour quelle gestion de l'Etat ?

Selon les informations actuellement connues, le collectif budgétaire proposé au Parlement devrait comporter un nouveau train d'économies de 4 milliards dont 1,6 pour l'Etat. L'analyste peut être d'ores et déjà certain que des prochains rapports de la Cour des comptes (diffusés en 2015) stigmatiseront la faiblesse de la réduction de la dépense publique en la rapportant à un fait avéré et préoccupant : le déficit budgétaire (voté en PLF 2014 à l'automne dernier) est de 82,6 milliards contre 74,9 en 2013. Ainsi, pour ceux qui clament (voire pérorent) sur le talent budgétaire de notre pays, il faut bien enregistrer que près de 10 milliards séparent, en aggravation, le déficit primaire du budget.

Cela peut se concevoir et éviter ainsi l'effet pro-cyclique néfaste qu'ont engendré les fortes hausses de la pression fiscale des gouvernements Fillon et Ayrault que n'avait pas manqué de relever promptement le sénateur Gaëtan Gorce. Mais alors, si près de dix milliards de déficit additionnel sont inscrits et d'ores et déjà votés, quel est le sens du collectif budgétaire ? Quelle est, au fond, sa nécessité ? En effet, les recettes fiscales nettes ont augmenté de 2,6% depuis le début de l'année : les 91 milliards étant toutefois traversés par une ligne rouge : d'un côté, on relève une hausse des rentrées de l'IRPP (+ 20,2%) qui contraste brutalement avec la baisse affectant les rentrées de l'impôt sur les sociétés : moins 22%. Au plan de la sincérité budgétaire, ce collectif ne s'inscrit pas au mode impératif. Sauf à y voir un deuxième souffle à quasi mi-mandat présidentiel et aussi une légitimation, par les chiffres, du discours de politique générale du Premier ministre.

La réalité de nos contraintes collectives que le Président de la République et le Premier ministre ont parfaitement en tête s'explique par cette satanée longueur de la crise qui nous impose la langueur du retour de la croissance. Mais, sujet de débat entre les tenants et les opposants du Pacte de responsabilité, il y a bien la propension de notre pays à aimer la dépense publique et sa paralysie presque totale au regard de réformes de fond comme la Suède et le Canada les ont menées sans porter trop d'altérations à leur modèle social. A regarder avec assiduité certains échanges parlementaires, je m'interroge sur la distance entre ce réel déroulé sous nos yeux et les exigences de notre temps de crise qui devraient conduire les décideurs à prendre pour boussole de l'action publique " l'éthique de la discussion " (Diskursethik) théorisée si subtilement par Jurgen Habermas. Dans une France politique qui est, ici ou là, en mal d'éthique et en besoin de cours de comptabilité privée, les nécessités de 2014 en comptabilité publique semblent renvoyer à un propos instructif de l'économiste libéral Frédéric Bastiat : " Il y a trop de grands hommes dans le monde ; il y a trop de législateurs, organisateurs, instituteurs de sociétés, conducteurs de peuples, pères des Nations, etc. Trop de gens se placent au-dessus de l'humanité pour la régenter. Trop de gens font métier de s'occuper d'elle ". (La Loi, 1850).

Ayant eu l'occasion d'écrire que la règle de 2 sénateurs et de 3 députés par département ferait grand sens (soit moins de 500 élus contre 348 + 577 = 925) comme l'ont démontré des personnalités aussi diverses que Joseph Macé-Scaron ou Erik Orsenna et Jérôme Monod, la Nation est en droit d'attendre des élus réformateurs et non des arguties à valeur psychodramatique qui ne matérialisent pas des avancées constructives fussent lors de l'examen d'un collectif budgétaire. L'énergie qui va être dépensée aura un coût pour les finances publiques et sera peut-être un mauvais coup pour la démocratie parlementaire qui doit être, face aux populismes, plus compacte et sensible aux préceptes de Maw

Weber notamment en sa dichotomie entre les " jugements de valeurs " et les " rapports aux valeurs ". Trop de subjectivité et de calculs politiciens voire personnels n'ont rien à voir avec le rapport aux valeurs qui se déploie à l'aune de la recherche de la vérité.

Le psychodrame parlementaire qui se dessine sera loin de la quête de " neutralité axiologique " (Max Weber) et sera une sorte de foire d'empoignes porteuse d'incertitudes dont les agents économiques ne sont nullement friands. L'Exécutif sera en quête de réassurance et de légitimation là où les honorables membres du Parlement auront différents vecteurs d'action. De ce quiproquo, la Nation perdra un peu de confiance (déchirements publics ou larvés) et surtout se verra soumise à la notion de " perte de chance " chère à des jurisprudences de la Cour de Cassation. La dictature douce des micros des chaînes d'information qu'affectionne tant d'élus et le perpétuel concours Lépine de l'amendement parlementaire fiscal ne sont pas les amis de la France en cette veille d'été 2014.

Le décideur public ultime ne saurait l'ignorer.

D'évidence.

V

Budget pour 2015 : pile ou face ?

Le PLF 2015 (projet de loi de finances) va être une suite de décisions qui aboutiront à un choix d'ensemble, à une couleur dominante. Celle de soutenir une activité déficiente ou celle de tenter de poursuivre des efforts relevant de l'austérité. Que décideront les pouvoirs exécutif et législatif dans cette sorte de pile ou face ?

La majorité présidentielle et le décideur public ultime ont désormais parfaitement conscience de l'erreur de diagnostic des Gouvernements Ayrault. Inquiets – à juste titre – de la montée des déficits et des attaques spéculatives sur l'euro en 2012, la France a été engagée dans une politique de réduction de la dépense publique et a ainsi été à même de réduire quelque peu son ratio de déficit public rapporté au PIB. Loin toutefois des propos d'aucuns qui promettaient mordicus les 3% pour les années suivantes " voire avant "...

Hélas, les pilotes de la politique économique de l'époque ont accumulé des erreurs incompatibles avec notre statut d'économie d'endettement : " overdraft economy ".

Ainsi, malgré une visite convaincante du premier ministre Ayrault en Autriche (début 2014 où la démonstration lui fût faite (chiffres à l'appui) des vertus d'une politique ambitieuse de l'apprentissage, la France avait réduit sévèrement ce poste de crédits pour le restaurer désormais sous l'impulsion de Messieurs Sapin et Valls. On imagine le désarroi des acteurs de la filière.

Cette politique de stop & go sur bien des lignes de crédits budgétaires a accru l'incertitude qui était parallèlement cultivée avec une hausse sérieuse de la fiscalité. Au total, entre les gouvernements Fillon et Ayrault, la pression fiscale se sera accrue d'un peu plus de 70 milliards ce qui a frontalement obéré la demande (pouvoir d'achat des ménages) et l'investissement des entreprises. Comme notre compétitivité est partiellement défaillante selon les secteurs, il était exclu que les exportations puissent représenter un moteur de croissance digne de ce nom.

Le lectorat connait le résultat : 2013 et 2014 ont vu l'atonie de la croissance, l'évaporation de la confiance, l'essor du chômage de masse et le maintien de déficits élevés du fait des rentrées fiscales moins significatives qu'attendues. En clair, la politique procyclique de type austéritaire a présenté bien plus d'inconvénients que de succès sociaux ou de vertu financière.

Après ce qui restera une vraie erreur de diagnostic du gestionnaire de Bercy d'alors, il faut s'interroger sur l'avenir donc sur le choix dominant qui va caractériser le PLF 2015.

1) Un PLF 2015 sous pressions intérieure et extérieure :

Le PLF 2015 ne sera pas voté sans psychodrame car la majorité présidentielle de 2012 ne présente pas une façade unie en 2014, loin s'en faut. Le Front de gauche (lui-même lézardé entre le PCF et les tenants de Jean-Luc Mélenchon : voir impossibilité de tenir une université d'été commune) ou EELV n'ont pas totalement la même approche. De même, ceux que l'on nomme les " frondeurs " au sein du P.S, apportent des axes de solution qui ne se recouvrent pas complétement.

Il y aura donc, pour l'exécutif, à donner quelques gages à cette aile gauche de la majorité d'autant plus que la récente décision du Conseil constitutionnel (sur les allègements sélectifs de cotisations salariales) a rendu inopérante la tentative de restituer du pouvoir d'achat aux plus modestes.

En visant court mais juste, il y aura débat entre un budget qui soutient la demande (Pascal Cherki, Jérôme Guedj), ou qui soutient l'investissement (Gaëtan Gorce) ou qui reste dans les filets de l'orthodoxie budgétaire.

Cette pression intérieure – politique et parlementaire mais aussi syndicale – ira à l'opposé de la pression extérieure notamment symbolisée par les autorités allemandes et la Commission de Bruxelles qui attendent désormais sans patience additionnelle que la France tienne ses engagements. Car, au grand dam des intérêts supérieurs de notre nation, la politique impressionnante d'endettement des années 2008 et 2009 mais aussi les années 2012 et 2013 ont vu notre dette publique continuer d'augmenter : près de 95% du PIB, près de 2.000 milliards (et 3.100 d'endettement hors-bilan).

Pour le PLF 2015, nous ne pourrons pas dire l'adage britannique : " right or wrong, it's my country " (à tort ou raison, c'est mon pays !) mais serons absolument obligés d'agir afin que l'on puisse clamer : " we were right for our country " (nous avons eu raison pour notre pays). Sans aucune exagération mais à la simple lecture des faits qui contraignent notre action publique, le PLF 2015 sera historique.

S'il s'inscrit dans le registre de choix erronés, notre nation se rapprochera du désespoir social et de la soumission. On comprend pourquoi ce PLF doit susciter de l'aposiopèse chez le décideur public ultime à qui mille conseils contradictoires doivent être glissés par oral ou par écrit.

2) Quel déficit prévisionnel ?

La matière budgétaire est parfois aride mais elle demeure un exercice de rigueur intellectuelle sinon arithmétique. Ainsi, lorsque la France indique dans sa trajectoire des finances publiques qu'elle va réduire ses dépenses de 50 milliards d'ici à 2017, cela revient à exercer un effort d'un peu moins de 20 milliards par an.

- A rapprocher des 309 milliards des charges nettes du budget général.

- A rapprocher des 82 milliards de déficit primaire voté pour 2014 avec un scénario optimiste pour la croissance : les 0,5% qui risque finalement d'être le chiffre final aura un impact de plusieurs milliards.

L'effort de 20 milliards par an demeure modeste au regard des expériences allemande, canadienne ou suédoise. De plus, inférieur à 10% des dépenses du seul budget général (Etat donc hors volet social, etc) il ne représente qu'un quart du déficit de 2014.

La question logique et un peu glaçante est simple : à quel niveau sera situé le déficit prévisionnel pour 2015 ?

Au-dessus de 20 milliards, chacun a mesuré que nous serions en poursuite de dégradation de l'endettement.

3) Quelles approches sectorielles ?

Un budget est l'occasion de soutenir tel ou tel pan de l'activité économique. Après réflexion, il nous semble que l'Etat serait bien inspiré d'apporter des concours additionnels au secteur du logement.

- Tout d'abord, une forte demande sociétale existe en la matière.

- Puis, en termes méso-économiques (sectoriels), c'est un secteur à intensité de main d'œuvre et non délocalisable.

- De plus, la transition énergétique serait alors concrètement mise en marche (isolation)

- Enfin, ce serait un moyen politiquement acceptable de plafonner les effets pervers de la loi ALUR.

A défaut d'approches sectorielles, si le PLF se cantonne dans des problématiques de stricte macro-économie, il y aura un fort " ECP " (écart circulaire probable) par rapport aux cibles annoncées et escomptées.

4) Quelle dominante retenir ?

Tout d'abord, il n'est pas interdit d'être créatif. En matière fiscale, il y a eu un avant et un après Maurice Lauré (concepteur de la TVA en 1954, il y a 60 ans). En matière budgétaire, je veux croire au résultat des intelligences collectives concernées. En guise d'attente d'innovations de Bercy, je repense à la fin du film de Claude Chabrol (Bellamy, 2009) où est citée cette opportune phrase du poète britannique W.H Auden : " Il y a toujours une autre histoire. Il y a plus que ce que l'œil peut voir ".

Quittons la poésie et revenons au rapport de la Cour des comptes sur les 112 milliards de la fiscalité affectée (http://www.lesechos.fr/idees-debats/cercle/cercle-78820-lincroyable-derive-de-112-milliards-de-taxes-affectees-1018413.php) : quelle suite tangible pour 2015 ? Quels efforts de gestion ?

A titre de dominante, le budget doit incorporer les prévisions de croissance du FMI pour 2015 et 2016 qui semblent favorables et écarter le risque déflationniste. Par référence à la déflation décennale du Japon des années 2000, l'Europe doit agir avec précaution face à cette sérieuse difficulté économique potentielle.

Dès lors, le PLF 2015 qui devrait reposer sur une politique de l'offre (et de restauration de compétitivité) risque d'être dépassé par la vitesse de propagation des foyers déflationnistes. Ainsi, il devrait intégrer un soutien à la demande. De facto.

Dans leur livre dédié à la macroéconomie Olivier Blanchard (économiste en chef du FMI) Daniel Cohen et David Johnson écrivent (page 628) : " L'équivalence ricardienne qui affirme qu'une hausse du déficit sera compensée par une hausse égale de l'épargne, de sorte que le déficit devrait être sans effet sur la demande et la production .../... n'est pas vérifiée ".

Le soutien à la demande devra donc avoir des contreparties dans la colonne des dépenses sous peine d'augmentation, in fine, stérile du déficit.

Quant à la politique de l'offre, les mécanismes complexes du CICE ne garantissent pas pleinement l'affectation finale des fonds perçus qui peuvent ainsi s'éloigner – par exemple – des investissements que le mouvement actuel d'innovations rend nécessaire.

En France, ce n'est pas l'Etat qui – seul - peut conduire une politique de l'offre. Il suffit de se reporter aux pages 324 et 325 du livre d'Olivier Blanchard et alii :

" Il y a une relation très forte entre la variable q de Tobin et l'investissement. Cela tient pourtant sans doute moins à ce que les entreprises suivent passivement les signaux envoyés par le marché financier qu'au fait que le prix des actifs et les décisions d'investissement sont influencés par les mêmes facteurs (profit et taux d'intérêt escomptés)."

La variable q de Tobin est déterminée ainsi : valeur de marché totale des entreprises (somme de leur valeur et des capitaux empruntés) divisée par le coût de remplacement du stock de capital.

Ainsi, il ressort de cette approche l'importance du dynamisme du marché des financements des entreprises (direct ou indirect donc bancaire). A ce stade, la politique de l'offre voulue par le Président de la République ne peut que se heurter au phénomène du " credit-crunch" (resserrement du crédit).

Conclusion :

La confiance est, pour l'heure évanouie, et le PLF 2015 sera donc un exercice technique, un arrangement politique, une sorte de statu quo diplomatique et l'occasion d'accélérer vers certains secteurs tout en renouant charnellement avec la nation.
Pour porter véritablement, ce PLF ne pourra donc pas être une sorte d'integumentum que Bernard Silvestris (philosophe du XIIème siècle) définit comme " une sorte de démonstration cachée sous un récit fabuleux enveloppant la compréhension de la vérité ". Les comptes doivent être sincères tout autant que leur exposé des motifs et leur présentation aux citoyens.

De toutes les manières, la France est finalement face à un vieux débat et soumise à une tentation dépensière. Gardons en mémoire l'instructive phrase de Jacques Delors issue d'une interview au Monde (8 décembre 2010) : " Entendre les conseillers des banques nous intimer l'ordre de réduire les déficits publics puis, lorsque cela est en bonne voie, s'alarmer de la panne de croissance qui pourrait en résulter est une double peine insupportable ".

La France est d'autant plus à la peine que certains membres du gouvernement de 2012 ont gommé certains enseignements deloristes pourtant manifestement forts à propos.

VI

Le budget 2015 et ses illusions

C'est fait : le projet de loi de finances pour 2015 a été arrêté en conseil des ministres. D'évidence, il parait sincère mais sera démenti par les faits économiques qui s'annoncent. Il relève donc d'une forme d'illusion.

Tout d'abord, le déficit prévu et affiché par le PLF 2015 est de 87 milliards d'euros soit davantage qu'en 2014 (82 mds initialement budgétés). Or, ce déficit prévisionnel ne sera pas tenu. Non, cela ne sera pas possible.

En premier lieu, parmi les 9,6 mds d'économies prévues sur les comptes de la Sécurité sociale, on ne peut que rester dubitatif – pour ne pas dire plus – pour ce qui concerne les 6,4 milliards autres que les 3,2 mds de l'assurance-maladie. Ici, l'Etat est objectivement dans une lecture optimiste et sous-estime le temps requis pour que les réformes portent, de manière tangible, leurs résultats. Hélas, il n'est donc pas déraisonnable de reformater ce plan d'économies à hauteur de 5 à 6 milliards.

Deuxièmement, la prévision de croissance retenue pour 2015, soit 1%, est étrange tant elle relève de l'espérance, du " wishfull-thinking ". Ainsi, le HCFP (Haut-conseil des finances publiques) composé pour moitié d'économistes (dont Mathilde Lemoine, HSBC France) et pour moitié de magistrats de la Cour des comptes (d'où sa présidence par M. Didier Migaud) ont émis un avis critique et considère ce chiffre de 1% d'irréaliste. Rappelons ici que le consensus actuel des économistes de banque, de l'OCDE et surtout du FMI tablent sur une croissance du PIB français en 2015 de 0,7%. Cette surestimation de la croissance escomptée est une technique usuelle de l'Etat depuis bien des mandatures. Compte-tenu de la gravité d'ensemble de la situation économique, on aurait espéré davantage de clarté (car l'Etat est parfaitement lucide...) et moins d'effet-cosmétique. Le résultat est mécanique : il y aura moins de rentrées fiscales qu'envisagées et ce point allié à la faiblesse de l'inflation (variable explicative déjà opportunément avancée par le ministre Michel Sapin) se comptera en milliards. Si l'on prend l'expérience du tassement (déjà connu l'an passé) des recettes fiscales, il pourrait s'agir d'un peu plus de dix milliards.

Ainsi, aux 87 mds annoncés devraient venir s'agglomérer le volontarisme excessif sur les comptes sociaux et les deux variables de conjoncture : croissance et inflation. En clair, la France franchira la barre des 100 milliards de déficit au cours de l'année 2015. Jacques Delors aimait à répéter " les faits sont têtus " : ici, n'en doutons pas, ils le seront.

Concrètement, cela revient à estimer que la France, pour des raisons de sincérité comptable, sera contrainte d'élaborer un PLF rectificatif avant l'été 2015 sous les yeux attentifs et perçants d'un commissaire européen nommé Pierre Moscovici....

Si les recettes fiscales prévues n'atteindront vraisemblablement pas les hypothèses du PLF défini ce matin, il faut garder à l'esprit trois éléments forts.

De prime abord, le PLF va être un moment fort de la discussion entamée cet été entre les frondeurs et l'exécutif. Nul ne peut dire à cette heure si des amendements " de dernière heure " ne vont pas modifier tel ou tel rendement fiscal escompté. Si d'un côté, les frondeurs ne peuvent qu'approuver la position du premier ministre Valls sur la détaxation des bas revenus, certains d'entre eux sont partisans de taxations sur les classes favorisées ou " huppées " pour reprendre une terminologie de l'Insee en matière de zonage de l'habitat urbain. L'instabilité fiscale est peut-être devant nous du fait des équilibres complexes de la majorité parlementaire.

Puis, il est rappelé que le budget est en apparente stabilité fiscale 2015 selon certains propos gouvernementaux. Les chiffres disponibles rapportent qu'en 2013 le niveau des prélèvements obligatoires était de 926,7 mds contre 956,1 mds en 2014 soit une hausse de près de 30 milliards qui ne peut que marquer les agents économiques au nom de l'application de la théorie des anticipations rationnelles. Concrètement, on ne poursuit pas en 2015 l'alourdissement de la pression fiscale mais le statu quo laisse un goût amer à des millions de contribuables (ménages ou entreprises) qui tiennent en mains des avis d'imposition alourdis par les exercices précédents.

A l'heure où des allègements fiscaux nourris par une politique de recherche collective de contrôle de la dépense publique (voir les pertes en ligne et les fraudes en matière de collecte de TVA, etc) auraient pu donner une impulsion contra-cyclique à ce budget et venir ainsi épauler la vacillante croissance, l'Etat est assez inerte et se rallie au mot : " je diffère le faire ". Pire, pour quelques 2,5 mds, il va réduire certaines dépenses d'intervention de l'Etat (notamment destinées aux soutiens aux associations et entreprises) alors que la crise économique est toujours – qui songerait à le nier – virulente.

En troisième lieu, il a été annoncé une hausse de 2 cts sur le litre de gazole au motif que l'écotaxe est abandonnée. D'un côté, ceci n'a rien d'étonnant puisque le gazole et ses particules fines sont dans le collimateur des fiscalités dites écologiques dans l'ensemble de l'Union européenne. Mais – le diable se cache dans les détails -, il est impératif de garder en mémoire que le produit de l'écotaxe (fiscalité dite affectée) aurait intégralement été versée au financement de projets de refonte d'infrastructures. A l'inverse, les 2 cents sur le gazole iront dans le budget général de l'Etat et donc éventuellement loin des besoins routiers et ferroviaires.

Globalement, ce budget est une sorte de faux plat. On nous dit que les impôts ne montent pas : ils ne baissent pas davantage (3 mds pour la première tranche du barème IRPP à comparer avec des hausses de 30 mds). On nous dit que 21 mds seront là pour matérialiser la baisse de la dépense publique : l'analyse réaliste conduit à réduire ce chiffre de près de 10 mds pour l'exercice 2015. On nous dit que la croissance sera de 1% quand nul expert n'y croit et là ce n'est pas un pari volontariste, c'est une lourde approximation volontaire qui nuit à la crédibilité du PLF et nous fera glisser vers 100 milliards de déficit. D'autant plus clairement que la hausse des taux d'intérêt américains est attendue pour le printemps 2015 (abandon graduel de la politique accommodante de la FED) et que celle-ci aura une répercussion en Europe et donc sur notre charge de la dette. (2024 mds).

Le faux plat de 2015 qui réunit volontarisme et illusion ressemble à ce que les Anglo-saxons nomment parfois un exercice de "window-dressing".

" On appelle opérations de window-dressing, des opérations faites en fin d'année pour embellir les états financiers. La date de clôture d'un exercice comptable étant purement arbitraire, l'entreprise pourra avancer ou retarder la comptabilisation de certaines charges ou produits pour modifier le niveau de résultat. Il est évident que le résultat n'est que déplacé dans le temps, et en aucun cas globalement modifié. Les charges et produits constatés d'avance constituent également une source d'ajustement : une appréciation plus ou moins restrictive a des conséquences directes sur le résultat de l'exercice. " (Lexique financier Les Echos).

Fixer le taux de croissance à 1% n'a d'autre fonction que de différer artificiellement l'ajustement – douloureux – de la réalité des recettes fiscales. En comptabilité privée, ce type de pratique donne lieu à l'émission, par le commissaire aux comptes, de certification avec réserves. Bercy le sait. Le président Migaud le sait et aura à l'écrire. Le faux plat de 2015 rendra plus délicat le PLF 2016.

VII

Le budget 2015 face à Bruxelles

Les autorités de Bruxelles ont tranché et comme l'avait dit un jour le syndicaliste Henri Krasucki : " Le compte n'y est pas ! ". Dès lors, le ministre Sapin a été contraint de modifier – plus qu'à la marge – le projet de loi de finances pour 2015 de plus de 3,5 milliards.

D'instinct, on serait tenté de dire " ouf ! " mais à la réflexion, plusieurs questions se posent.

Tout d'abord, s'il était si simple de rectifier de 3,6 milliards, pourquoi ne pas l'avoir fait avant ? Et ainsi éviter de rompre un certain rouage du pacte républicain avec la mise sous conditions de ressources des allocations familiales pour un montant de 0,7 mds donc 5 fois moins que l'apparition surprise des 3,6 mds précités.

Puis, ce budget demeure un condensé d'illusions car le taux de croissance retenu de 1% pour 2015 (malgré les réserves du HCFP Haut conseil des finances publiques) s'inscrit sur un registre nommé désir et non sur un livre de comptes tenu, par exemple, par feu Raymond Barre.

Il convient de rappeler que le consensus des économistes de banque, de l'OCDE et du FMI envisagent une croissance du PIB en 2015 de 0,7%. Cette surestimation de la croissance inscrite dans le PLF (projet de loi de finances) est un penchant habituel de l'Etat. La gravité de la situation aurait pu (dû ?) générer plus de clarté (car l'Etat est totalement lucide) et moins de recours à des hypothèses virtuelles. Le résultat sera imparable : il y aura moins de rentrées fiscales que budgétées et ce point allié à la faiblesse de l'inflation (variable explicative déjà avancée par le ministre Michel Sapin) se comptera en milliards. Si l'on prend l'expérience du tassement (déjà connu l'an passé) des recettes fiscales, il pourrait s'agir d'un peu plus de dix milliards compte-tenu de la conjoncture aux relents déflationnistes.

Des allègements ont été annoncé (barême IRPP) et une recherche de contrôle de la ponction publique (exemple des fraudes en matière de collecte de TVA, lutte contre l'optimisation fiscale) va être renforcée. Hélas, ces mesures d'application au long cours ne donneront pas une dimension contra-cyclique à ce PLF et ne soutiendra pas la frêle valeur de la croissance.

L'Etat demeure inerte et se rallie au mot : " je diffère le faire ". Ainsi, il table sur le bas niveau des taux d'intérêt qui permet à l'Agence France Trésor d'être opportunément victorieuse dans sa lutte hebdomadaire pour la tenue de la charge de la dette : premier poste budgétaire avec plus de 45 mds d'euros.

Or c'est précisément ce jeudi que la présidente de la FED, Madame Janet Yellen, doit annoncer la fin des programmes de rachats d'actifs (ce que les Bourses ont déjà négativement intégré) qui devrait entraîner selon des analystes (Mathilde Lemoine, Philippe Dessertine, Jean-Marc Daniel, etc) une remontée progressive des taux d'intérêt aux Etats-Unis avec impact différé sur les taux obligataires européens. En clair, la position de Monsieur Sapin revient à faire du trapèze sur une corde à linge car il est patent que d'ici 2015, notre charge de la dette va être supérieure à ce qu'annonce le PLF distribué aux parlementaires (qui va, au passage, devoir être redéfini). Un commissaire aux comptes brandirait la notion d'image fidèle et éventuellement de sincérité pour évaluer ce document budgétaire où les lignes malléables qui surgissent comme un orage de montagne sont assez surprenantes.

Je n'ose croire que " nous " sommes allés à Bruxelles tout en en " gardant sous le pied " : les matières budgétaires supposent une rectitude plus affirmée. Elles supposent aussi de se méfier de l'effet boomerang du recours pesant au " window-dressing ".

VIII

Budget 2015 : le pire serait-il à venir ?

Le Gouvernement a donc achevé la construction du budget pour 2015. D'évidence, la tâche n'a pas été aisée et il est à craindre que 2015 marquée par l'attentisme ne préfigure un budget pour 2016 encore plus complexe.

1) La dangereuse pratique des années 2012, 2013 et 2014 :

Le verdict des chiffres est tombé : la dette publique française continue de croître et dépasse désormais le seuil de 96% du PIB. Ce fait nuance les affirmations des différents responsables (de l'ancienne majorité comme de l'actuelle) qui assimilent hâtivement une légère baisse du déficit rapporté au PIB à une victoire sur la courbe tendancielle de hausse des dépenses publiques.

Tant le Gouvernement Fillon que les deux années de gestion Ayrault ont été caractérisés par de fortes hausses d'impôts. En totalité (ménages, entreprises), ce sont plus de 70 milliards additionnels qui ont été prélevés sur l'économie française.

Clairement, le dispositif fiscal frontal a eu un effet pro-cyclique et a contribué à cisailler les ressorts – déjà faibles – de la croissance. Parallèlement, bien des pays européens ont suivi le même chemin ce qui place l'UE dans une situation de quasi-récession.

A ce stade d'évolution, seule une politique monétaire accommodante doit être convoquée et soutenue afin de parer les tensions déflationnistes. L'autre voie d'une relance budgétaire, de type keynésienne, est difficile à envisager compte-tenu précisément de la situation des finances publiques.

Si les PLF (projet de Loi de finances) 2012 et 2013 ont été placés sous le signe d'un véritable alourdissement de la pression fiscale, il ne faut pas gommer de nos esprits que 2014 a aussi été l'année de l'adoption d'un PLF alourdi par la hausse des taux de TVA.

En synthèse et à regret, il faut constater que peu d'efforts ont matériellement été accomplis en matière de réduction de la dépense publique et que l'impôt a été la voie royale retenue pour boucler les budgets des années précitées.

2) Les contraintes qui pèsent sur le PLF pour 2015 :

La courbe de Laffer, empiriquement établie, a été vérifiée dans notre pays : " trop d'impôt tue l'impôt". Il convient même d'ajouter : " trop d'impôt tue l'emploi "comme l'attestent bien des informations récoltées par l'Insee, les CCI ou les syndicats.

Vouloir "ficeler " le budget 2015 grâce à de nouvelles hausses d'impôts aurait été là encore fortement pro-cyclique et aurait fini de casser la confiance des forces vives tout en présentant un rendement relatif.

De surcroît, la révision à la baisse du taux de croissance en 2014 a déjà montré son impact sur le rendement de plusieurs impôts au premier rang desquels se situent la TVA et l'IRPP. Le manque à gagner serait situé entre 12 et 15 milliards d'autant plus nettement que l'économie informelle se développe comme l'indique, en creux, une statistique de la Banque de France relative au volume croissant d'espèces en circulation.

Saturation fiscale, nécessité de préserver le mince flux de croissance, extension des stratégies de contournement (économie informelle, évasion fiscale, départs de France) sont les trois piliers de contraintes qui affectent l'élaboration (et la future exécution) du PLF pour 2015.

Mais, il y a aussi un quatrième pilier tout aussi crucial : quel taux de croissance retenir pour 2015 ? Au plan institutionnel, le Gouvernement est souverain pour décider de la prévision de croissance qui sous-tend l'exercice budgétaire sous réserve des travaux consultatifs du HCFP (Haut conseil des finances publiques) qui réunit des économistes et des magistrats de la Cour des comptes et qui est " chargé d'apprécier le réalisme des prévisions macroéconomiques du Gouvernement ".

Au printemps 2014, le FMI estimait que le taux de croissance de la France serait de 1% en 2014 et de 1,5% en 2015. Bien des analystes étaient porteurs de conclusions identiques. Pour 2014, les choses sont hélas claires : taux nul au deuxième trimestre et taux de 0,5% envisagé pour l'ensemble de l'année 2014. Faut-il craindre le pire ? Faut-il imaginer le sempiternel tour de passe-passe qui consiste à sur-dimensionner le taux de croissance afin de pouvoir boucler la valise des contraintes budgétaires ?

Si tel devait être le cas – et le report de l'annonce du PLF de quelques dix jours n'a pas été un signe annonciateur favorable – cela pose, in fine, une question de sincérité pour l'exercice budgétaire et de réelle utilité pour le HCFP.

Objectivement, les tensions économiques avec la Russie et la tendance générale de la zone euro devraient inciter à la prudence en matière de détermination du taux de croissance. D'autant qu'une économie dans laquelle la FBCF (formation brute de capital fixe) continue de se replier n'est pas en mesure de saisir rapidement un éventuel rebond favorable de la croissance mondiale.

3) 2015 ou le budget du faux plat :

En premier lieu, il faut intégrer l'importante information du ministre Sapin qui a confirmé il y a quelques jours que les 21 milliards d'économies n'étaient pas totalement documentés et qu'une autre difficulté se faisait jour : la faible valeur du taux d'inflation.

Autrement dit, la trajectoire des finances publiques ne sera pas en conformité avec des déclarations officielles antérieures. De plus, s'il n'y a pas d'économies crédibles alors même que les rentrées fiscales sont moins étoffées que prévu, il est aisé de conclure que le ministère des Finances a – ces jours-ci – un travail de redéfinition d'une partie de certains choix budgétaires.

Or, du fait d'une majorité parlementaire partiellement frondeuse, le Gouvernement, par la voix du premier ministre, a annoncé des baisses d'impôts (environ 3 milliards) pour les contribuables les plus modestes. Autant dire que Bercy doit prévoir quelques zones de souplesse dans son exercice pour intégrer des amendements de dernière minute imposés par le caractère numériquement limité de la majorité.

Absence de campagne de baisse des dépenses publiques, moindres recettes fiscales, gestes politiques à incidence budgétaire pour rallier des députés dépités sont autant de phénomènes qui vont militer pour un budget composite et un exercice de faux plat. Une sorte de PLF sans ossature volontariste côté dépenses et placé sous le signe du statu quo côté recettes.

Hors polémique stérile, un PLF digne de la procrastination qui marque parfois ce quinquennat.

4) 2015 et l'amorce de 2016 :

Ce qui n'est pas fait aujourd'hui doit être fait demain. Ainsi, si 2015 est un PLF digne d'un faux plat, cela implique que son successeur pour 2016 sera encore plus délicat à bâtir du fait des contraintes macroéconomiques, du fait du respect de nos engagements européens et du fait que le budget de la nation doit être un foyer de soutien à l'activité et non un repoussoir pour la confiance des investisseurs.

Un rapport de la Cour des comptes sur la fiscalité affectée (rapport CPO du 4 juillet 2013) rapportait que les taxes directement prélevées par plus de 450 organismes publics (hors vote du Parlement) représentaient plus de 112 milliards d'euros et enregistraient une hausse annuelle de 4,5% contre 1,2% en moyenne pour les dépenses de l'Etat. Où se situe la volonté politique de recadrage sur ce thème de la fiscalité " affectée " ?

Des études parfaitement crédibles montrent que la TVA subit, dans son recouvrement, un manque à gagner d'au moins 30 milliards. Où voit-on un grand chantier anti-fraude en cette matière très significative ? (TVA : sur la piste de 32 milliards...
http://lecercle.lesechos.fr/node/107830/
)

Sur ces deux points rappelés ci-dessus, il y a plusieurs milliards de gains à portée de main sans pour autant altérer le chemin de la croissance. Si rien n'est engagé en 2015, alors il faudra attendre 2016 comme d'autres attendent Godot.

Ce type de différé dans le temps ne peut que nourrir le mauvais versant des anticipations rationnelles notamment mises à jour par Robert Lucas. C'est là qu'il faut craindre le pire, que le faux plat budgétaire n'induise une léthargie des décideurs privés.

Coincés par bien des contraintes d'inégales intensités, les décideurs publics qui élaborent le PLF pour 2015 risquent d'être tentés (ou bousculés) de " donner du temps au temps " et de miser sur une conjoncture plus favorable en 2016 pour enfin entamer des voies consistantes de réformes.

Compte-tenu de notre approche de paramètres microéconomiques (exemple : taux de défaillances des entreprises, etc), cette idée du " je diffère le faire " nous semble hasardeuse et porteuse d'effets préjudiciables.

Conclusion

Si seulement ce PLF 2015 nous apportait, dans son exposé des motifs, une ventilation des 3.200 mds de dettes hors-bilan de l'Etat (à comparer aux 1.960 mds de dettes publiques).

Si seulement le déficit prévisionnel de ce PLF n'était pas excessif au point d'anéantir la portée des engagements triennaux des célèbres 50 milliards d'économies. Pour mémoire, le déficit prévisionnel voté pour 2014 était de 82 milliards.

Le dramaturge Jacques Deval a écrit : " Le temps est l'incorruptible comptable. Il n'a pas la charité d'un ange gardien : inaccessible à la pitié, il ne devient généreux qu'avec les riches " (" Afin de vivre bel et bien " 1969).

Avec près de 100% de son PIB en dette et plus de 3,5 millions de travailleurs privés d'emploi, la France n'a pas le temps de différer sa mise en mouvement de ses finances publiques. Une très large majorité de nos concitoyens le pressent parfaitement. Quid de nos élus ?

IX

France : vers la dure crispation de 2016

Du fait des annonces des points majeurs du budget pour 2015, la silhouette de cette année à venir laisse percevoir ses contours. 2015 sera l'année des défis perdus. Mais, à l'examen, c'est bien davantage 2016 qui sera une année de dure crispation.

1) La crise économique changeante mais omniprésente

L'Europe est, parmi toutes les grands zones économiques, la plus atteinte par la crise. Autrement dit, par la stagnation d'activité, le tassement des investissements et le chômage de masse. S'agissant de ces trois paramètres, il y a bien entendu des circonstances extérieures (que les tensions géostratégiques vont venir renforcer) mais il y aussi la question du financement de l'économie. Evoquant de manière minutieuse la situation de la France, le gouverneur Christian Noyer (Banque de France) déclarait à Aix-en-Provence le 5 juillet dernier : " Premier paradoxe : nous avons fait beaucoup de réformes mais le crédit, en tout cas le crédit bancaire, n'est pas au rendez-vous ".

Effectivement la crise de 2008 est venue de la sphère interbancaire et force est de constater que le resserrement du crédit est une réalité. Le

" credit-crunch" n'est pas une approximation d'analystes, c'est un fait tangible. D'autant que les chiffres doivent être maniés avec précaution et qu'il faut faire appel à la vieille notion de " circuit " économique de François Quesnay (1758). En effet, si un établissement bancaire prête en France à un grand groupe du CAC 40 mais que celui-ci apporte en compte-courant à une de ses filiales étrangères pour financer un investissement lointain, alors la statistique de distribution du crédit parait franco-française là où les retombées économiques sont en " Rdm" (reste du monde).

De manière fort logique, les grands groupes cherchent à se développer sur leurs nouveaux marchés porteurs au moyen d'investissements de capacités là où la " vieille Europe " un temps stigmatisée par Donald Rumsfeld en 2003 (Secrétaire d'Etat à la défense) se voit cantonnée à des flux d'investissements de simple mise à niveau ou de modernisation alors souvent récessifs d'emplois.

La crise de notre continent est désormais voisine de fondements déflationnistes ce qui explique la politique de plus en plus accommodante de la BCE. Toutefois, 2015 sera l'amorce d'un tournant complexe du fait de la remontée attendue des taux nord-américains.

Omniprésente par les épreuves qu'elle impose au corps social, la crise sera donc changeante au plan monétaire et éventuellement au plan financier. C'est en effet en 2015 que la revue des actifs bancaires aura été effectuée et du fait des normes IFRS à valeur pro-cyclique, il n'est pas exclu de voir certains établissements devoir enregistrer des dépréciations d'actifs dans des proportions jusque là sous-estimées. Donc sous-évaluées en interne par-delà la compliance et les auditeurs légaux externes.

2) 2015 ou l'année des défis perdus

2.1) Depuis des mois, bien des analystes indépendants ont essayé d'attirer l'attention du gouvernement sur le caractère optimiste voire sirupeux du taux de croissance envisagé pour 2014. Cet appel à la lucidité aurait donné du temps aux décideurs publics pour ajuster les grands équilibres du PLF (projet de loi de finances) pour 2015.

Peine perdue et défi perdu : l'Etat découvre tardivement que la faiblesse de l'inflation limite la valeur nominale de ses recettes et que l'atonie de la croissance altère les rentrées fiscales : TVA, IRPP, etc.

Cumulées, cette limite et cette altération représentent un chiffre situé au-dessus de 20 milliards et probablement voisin de 28 mds d'euros. Ce défi fondamental et immédiat a été mésestimé ce qui est surprenant car il ne demandait pas de grande sagacité économique ou de profonds décryptages. D'aucuns pourraient parler d'impéritie collective.

2.2) Deuxième défi perdu : la lourde tâche de la maîtrise de la dépense publique. Du fait de la croissance plus basse qu'envisagée pour 2014, le ministre Michel Sapin a réalisé un exercice de transparence politique qu'il faut souligner. Il a reconnu que les 21 milliards d'économies ne seraient pas un objectif atteignable avent d'émettre une annonce contradictoire moins de huit jours après. Il faudra attendre le texte du PLF pour étayer l'analyse mais chacun pressent que ces 21 mds ne sont pas exhaustivement documentés notamment les 9 mds qui concernent l'assurance-maladie et certaines prestations sociales.

2.3) Troisième défi perdu : la parole écornée de la France

L'engagement de 3% de déficit serait donc tenu pour 2017. Tel est le verbatim des propos ministériel et présidentiel. Or, partant de 4,4% en 2014 (avant d'éventuelles inflexions issues de variables exogènes) et de plus de 4% en 2015, il est assez raisonnable de soutenir que le défi semble perdu d'avance sauf à retrouver un niveau de croissance très soutenu et donc supérieur à 2%.

Au regard de nos créanciers et de nos partenaires européens, notre parole est tristement abîmée.

2.4) Quatrième défi perdu : la confiance des agents économiques

Des millions de ménages ont peur (chômage, déclassement social, pouvoir d'achat) tandis que des milliers d'entrepreneurs ne voient pas l'heure de la reprise et restent dans un attentisme aussi prévisible que dévastateur.

N'en déplaise au français commissaire européen récemment nommé et à ses déclarations et actions précédentes, la stratégie 2012 et 2013 d'alourdissement des recettes fiscales a marqué profondément l'inconscient collectif et torpillé la confiance. Expatriations des jeunes, sortie de capitaux, économie souterraine et autres " arrangements ", le binôme constitué par Messieurs Moscovici et Ayrault aura réussi à régénérer " le mur de l'argent " vilipendé par le Front populaire de 1936. Les statistiques commencent à être parlantes quant au manque à gagner pour notre pays de cette politique du début du quinquennat que l'histoire censurera sans ménagement.

3) 2016 ou l'année de la crispation

3.1) La hausse inexorable de la file des sans-emplois

Un consensus est établi : en-deçà de 1,5% de croissance, la France présente un solde net de destruction d'emplois. A partir du moment où 2014 et 2015 sont clairement annoncées – à l'unisson – en-deçà du chiffre charnière, cela signifie que le chômage va inexorablement continuer à augmenter. Entre 100 à 150.000 en 2014 (toutes catégories confondues) et autour de 100.000 personnes en 2015. En catégorie A, la France abordera très plausiblement l'année 2016 avec près de 3,75 millions de chômeurs.

Sur le plan humain, c'est donc la désespérance qui va continuer à se répandre. Sur le plan économique, c'est un gâchis au regard de notre potentiel productif. Au plan financier, une réflexion s'impose. Sachant que la durée moyenne de présence au chômage est de 493 jours dans notre pays, la vague de sans-emplois des années 2012 et 2013 vont venir – hélas – en dernière extrémité recourir aux aides sociales entre fin 2014 et milieu 2015. Donc, il y aura une pression à la hausse des bénéficiaires de prestations sociales en 2016 avec la crispation corrélative que cela impliquera pour les efforts de réduction des déficits publics.

3.2) 2016 : moins de 1% de croissance

Initialement prévue à 1,7% la croissance pour 2015 a été revue à la baisse par le ministre Sapin : à 1%. Compte-tenu des incertitudes internationales, de l'incidence des tensions commerciales avec la Russie, il est hautement probable que 2015 soit inférieure au chiffre retenu du fait de la mauvaise tendance de 2014. (0,4%). Dès lors que 2015 serait autour de 0,8% (voir Moody's à 0,9%), il est hautement probable que 2016 présente un taux inférieur à 1%.

Dès lors, les tensions sur les finances publiques (rentrées fiscales, coûts pour l'Etat créancier des défaillances d'entreprises, budgets sociaux et hausse du chômage) seront inscrites dans le PLF pour 2016 à un niveau de puissance encore supérieure à la complexité du bouclage du PLF pour 2015.

3.3) Le corps social et ses crispations accrues

Nous avons une conviction simple qui ne vient pas d'un esprit de déclinologue mais d'un observateur attentif des faits et chiffres. Il y a, en France, des images terribles. Celles des travailleurs pauvres qui dorment dans leurs voitures faute de logement. Celles de ceux qui doivent cumuler deux emplois pour tenir leur budget. Celles des contribuables saisis devant les recettes des impôts (où ils viennent demander un étalement du paiement de leurs feuilles haussières) et où devant des caméras ils interpellent Monsieur Thomas Thévenoud et autres.

Les crispations accrues du pays sont à la limite du tolérable dans bien des recoins de nos territoires. 2015 est une année perdue où des gestes sociaux infimes figurent au PLF. En 2016, la situation sera plus tendue tout autant que le climat dans les rues ou les mauvaises pensées dans les têtes.

3.4) 2016 et la crispation politique

Le premier ministre Valls va engager sa responsabilité au terme d'une déclaration de politique générale à prononcer le 16 septembre 2014. Le moraliste Joseph Joubert a écrit (dans ses " Pensées ") : " En politique, il faut toujours laisser un os à ronger aux frondeurs ". Nul doute que l'orateur du 16 septembre saura respecter ce vif conseil.

Dans un autre registre, il serait intéressant de réussir à savoir qui a fixé cette date du 16 septembre. Non pas parce qu'elle correspond exactement à l'anniversaire d'un certain Pierre Moscovici mais plutôt parce que Jacques Chaban-Delmas – lui aussi premier ministre – avait prononcé un discours de politique générale le 16 septembre 1969. " LE " fameux discours dit de la " nouvelle société " largement inspiré par les apports des éminents Simon Nora et Jacques Delors.

Or, par son contenu, cette journée avait crispé le Président Pompidou. Dans notre France contemporaine, les enquêtes d'opinion rapportent la crispation vis-à-vis de l'exécutif et il faut mesurer que dans deux ans – le 16 septembre 2016 – la classe politique regardera davantage les baromètres de popularité et la notion de primaires par opposition à la satisfaction des " besoins primaires " de la population au sens où les économistes définissent précisément ce terme.

Les yeux rivés vers 2017, la sphère publique sera quelque peu hors-sol. Il reste donc deux ans entre cette rentrée troublée de 2014 et la rentrée de 2016 qui sera marquée par le sceau de la crispation. Deux ans où des élections régionales pourraient bien voir émerger un tripartisme du fait de la dynamique du Front national. Deux ans où le droit à l'erreur est désormais un luxe que les Françaises et les Français ne veulent plus payer au sens propre et figuré du terme.

Conclusion

Il était hautement prévisible que le PLF pour 2015 serait un exercice délicat. Pourquoi tant de défis perdus et pourquoi tant d'incertitudes qui nuisent à la restauration de la confiance ? Les pouvoirs publics vont tenter de surfer sur 2015 en croisant les doigts car la grande histoire peut frapper à tout moment.

Parvenus en 2016, l'équation budgétaire nous parait insoluble sauf à flirter avec un déficit de 5% ou à hisser le taux premier de TVA de 20 à 22% pour être cohérent avec la politique de l'offre.

Ce serait si bien que le 16 septembre 2014 – au Palais-Bourbon - soit aussi entraînant et structuré que le 16 septembre 1969 : le pays en a tant besoin.

Mais compte-tenu de la trajectoire, il y a fort à craindre que des dossiers de fond soient mis en mode " pause ". Pause, ce fameux mot du 13 février 1937 de Léon Blum qui avait mis un terme aux espoirs de la gauche gouvernementale. Pause, ce mot repris par Jacques Delors en 1982. Pause, un mot éloigné de certains préceptes instructifs de Louis-Sébastien Mercier, compagnon d'Olympe de Gouges, notamment sans ses " Notions claires sur les gouvernements " (1787).

– X –

Dépense publique à hauteur de 57% du PIB, la maldonne !

La dépense publique s'élève à un peu moins de 57% du PIB pour l'année 2014. Derrière ce chiffre, l'analyse conduit à faire ressortir un ensemble de biais cognitifs, autrement dit un losange de la maldonne.

Tout d'abord, il est clair qu'en valeur absolue, le niveau du ratio précité est excessif : ainsi, la France est environ 5 à 7 points au-dessus de ses principaux partenaires. Or, 7% de PIB (2117 mds), cela représente un plan d'économies pluriannuelles de 148 milliards. L'ampleur du défi est avéré.

Mais, il y a un autre point préoccupant. Le projet de budget pour 2015 (PLF) mentionne explicitement les chiffres suivants : 56,5% de dépense publique rapportée au PIB pour 2014, 56,1% pour 2015, 55,5% pour 2016 et enfin 54,5% pour 2017. Or les éléments de conjoncture que nous subissons – et continuerons de subir au moins en 2015 – ne militent pas pour la légère décrue visée par le PLF. La dynamique des dépenses sociales est une variable intrinsèque puissante de notre dépense publique. L'effet dit de récence (rémanence des informations récemment obtenues et mémorisées) doit inciter à la prudence sauf à matérialiser la première pointe de maldonne.

Parallèlement, il convient de ne pas réifier le ratio pivot de cette contribution. En effet, l'INSEE nous indique que : " Les dépenses et recettes des administrations publiques présentent de façon simplifiée les comptes nationaux des administrations publiques. Elles ne retracent quasiment que les flux monétaires effectifs, en supprimant la plupart des flux imputés par la comptabilité nationale. " (http://www.insee.fr/fr/themes/theme.asp?theme=16&sous_theme=3.2)

Dès lors, là encore la prudence s'impose lorsqu'on traite de la question du total exhaustif de la dépense publique rapportée au PIB qui, rappelons-le, inclut les impôts dans sa définition (http://www.insee.fr/fr/methodes/default.asp?page=definitions/produit-inter-brut-prix-march.htm). Autrement dit, lorsque la pression fiscale augmente très sensiblement (Gouvernements Fillon et Ayrault et ponction cumulée de plus de 70 milliards d'euros), le PIB augmente mécaniquement ce qui induit un effet d'optique en relativisant le ratio...

De surcroît, la dépense publique n'est qu'une approximation des dépenses de l'Etat. Ainsi, les légitimes engagements de retraites des fonctionnaires sont directement inscrits en dette hors-bilan – sorte d'hydre aux contours mal connus – et ne font pas l'objet d'une provision comptable comme c'est généralement le cas dans le secteur privé conformément aux normes IAS 19 reprises et clairement explicitées dans la recommandation ANC (Autorité des normes comptables) en date du 7 novembre 2013 (N° 2013-02).

Le ratio dépense publique rapporté au PIB est donc parcellaire au moins à deux titres : deuxième élément de la maldonne.

Troisième point de focalisation à valeur de maldonne, le ratio n'est pas univoque car il est trop souvent omis d'effectuer un délicat calcul en valeur nette. Autrement dit, de retrancher des 57% à valeur faciale plusieurs éléments d'importance tels que les dépenses effectuées par les près de 6 millions d'agents publics. Clarifions les choses : le traitement d'un fonctionnaire est inséré – à raison – dans le ratio des 57%. Mais lorsque cet agent public consomme (TVA, taxes sur les produits pétroliers, etc) ou qu'il vit son existence de contribuable (paiement de l'IRPP, des taxes foncières, etc), si la source statistique se nomme dépense publique, la réalité opérationnelle se décrit – pour partie - selon un parcours de recettes publiques. Du brut au net, il y a certainement plusieurs dizaines de milliards d'autant que le raisonnement est vérifié pour l'effet d'entraînement que porte en elle la dépense publique via, par exemple, les achats (à des entreprises du privé qui devront s'acquitter de la TVA) des collectivités territoriales. La ratio de 57% est univoque et donc à minorer, car il est une valeur brute découplée de la dynamique des flux économiques. La maldonne est décidément vivace.

Dernier point de ce losange de la maldonne, il y a ce qui est en-dessous des écrans radars de la statistique. Si le know-how d'un ensemble de praticiens hospitaliers s'améliore, il n'y aura pas nécessairement contribution à la baisse du ratio des 57% mais il y aura bel et bien amélioration du service rendu, donc meilleure efficience des euros dédiés à la dépense publique. Dans une économie moderne et complexe comme celle de notre pays, cette intégration des phénomènes non monétaires est indispensable mais très délicate pour les femmes et les hommes en charge de la statistique nationale. Cette dernière ne peut être martiale et se contenter d'un ratio de 57% trop incertain. Symétriquement, les axes de progrès envisageables sont coûteux et, eux aussi, dotés d'aléas de configuration.

Entre quantifier et comptabiliser, il y a un pas ardu en la matière mais tôt ou tard la pression des évènements et la transparence démocratique feront pression sur ce losange de la maldonne.

Sortir de cette figure rhombique est un impératif sauf à imaginer d'accepter que tel ou tel s'érige en épulon de café du commerce en criant une vérité fort imparfaite voire mensongère.

XI

France : une dette à 260% du PIB !

La pesante pression fiscale récente n'a eu qu'un impact infime sur notre endettement – près de 96% du PIB - qui continue donc une tendance haussière. Encore s'agit-il là que de la dette au sens courant, abstraction faite des engagements hors-bilan. La somme des deux dépasse inexorablement 5.300 milliards.

Dans cette question de dette publique, on abreuve les médias d'informations sur les quelques 2.000 milliards de dette au sens de Maastricht et on demeure peu disert sur près de 3.300 mds d'engagements hors-bilan que l'Etat a contractés. La rectitude n'y trouve pas son compte : d'aucuns diraient les choses ne sont pas d'équerre.

Selon l'INSEE : " La dette publique notifiée (dite dette au sens de Maastricht) est évaluée à partir du tableau des opérations financières de la Comptabilité nationale mais ne correspond pas directement à cette présentation. " (*sic*).

En sont exclus certains types de dettes : essentiellement les crédits commerciaux et les décalages comptables.

La dette est enregistrée en valeur brute : ainsi, on ne soustrait pas les créances des administrations publiques sur des organismes ne faisant pas partie des administrations publiques (exemple : liquidités du Trésor sous forme de dépôts à la Banque de France, placements de la CADES, etc).

Elle est consolidée : on déduit donc les dettes détenues entre les Administrations.

Point essentiel, la dette est évaluée en valeur nominale : " C'est-à-dire à la valeur faciale de la dette et non à la valeur de marché comme cela est fait dans les Comptes nationaux ". Ou dans les comptes privés soumis aux normes IFRS.

Cette comptabilisation en valeur faciale de la dette (et non à la valeur de marché) explique les ajustements comptables qui surviennent un an voire 18 mois plus tard et que la Cour des comptes observe à partir des sources définitives retracées par les Comptes nationaux. Les 2.000 milliards actuels peuvent être revus à la hausse pour des motifs économiques et comptables.

Le citoyen n'a donc droit qu'à une vision parcellaire de la dette explicite et surtout, il est placé en situation d'ignorer le total de l'endettement qui inclut la dette dite implicite, c'est-à-dire la dette future certaine non incluse dans la comptabilité annuelle. En clair, la dette hors-bilan avec comme exemple massif légitime d'engagements le paiement futur des pensions des fonctionnaires.

Dans une " communication " (et non un rapport ce qui n'est pas neutre) de 215 pages de fin avril 2013 adressée à la Commission des finances du Sénat , la Cour des comptes a décrit " Le recensement et la comptabilisation des engagements hors-bilan de l'Etat ". Convenons que ce travail très conséquent et méthodique n'a guère atteint les oreilles du public. En République, être pudique sur des chiffres publics n'est jamais gage d'éthique. Le gouvernant mise sur la crédulité ou sur l'hypoalgésie tandis que le mal perdure et enfle. Un simple chiffre à valeur introductive : avec 3.300 milliards d'euros, le hors-bilan représente 158% du PIB. Quant à sa dynamique, elle est nette : en dix ans, ce hors-bilan a été multiplié par 3,5. Cette expansion ne sera cassée que si un contrôle démocratique est instauré et une lucidité recouvrée. A défaut, nous vivons le début d'un vrai péril quantifié pour la nation. (voir page 38, le tableau des " appels en garantie de l'Etat ").

Les engagements hors-bilan, on l'a compris, correspondent aux sommes à payer in futurum. Près de 1.850 milliards correspondent aux pensions des fonctionnaires, des personnels des Armées et des agents de la Poste.
En tendance, ce montant a progressé de 30% sur les sept dernières années. Compte-tenu du système de retraite par répartition, certains économistes contestent que toutes ces retraites soient incluses dans le hors-bilan puisqu'il faudrait soustraire de cette dette les versements des futurs cotisants. Christophe Rameaux, un des membres des " économistes atterrés ", défend cette position qui n'est pas pleinement conforme avec les nouvelles règles comptables internationales, de l'OCDE par exemple. Une chose semble acquise, la pyramide des âges impose de retenir une large quote-part de ces montants à venir dans le hors-bilan.

Mais le lecteur attentif ne saurait manquer d'effectuer une conséquente soustraction : 3.300 moins 1.850 = 1.450 milliards. A quoi correspond cette somme ?

Tout d'abord, un certain flou l'entoure car le TIGRE (" Tableau d'inventaire des garanties recensées par l'Etat " page 78) est toujours en cours d'élaboration par la Direction générale du

Trésor.

Dans le texte de la Cour, le président de la première chambre – Monsieur Raoul Briet – et les contributeurs liés rapportent que 1.000 mds correspondent aux garanties financières accordées par l'Etat à différentes catégories d'acteurs économiques. Ce montant est passé de 458 mds en 2007 à 978 en 2013. En son sein, la garantie dite de protection des épargnants a plus que doublé en se situant à 400 mds. La crise financière, toujours et encore.

Innovation du travail de la Cour, celle-ci est parvenue à intégrer un calcul d'actualisation des engagements issus de la mission de régulateur économique et social qui aboutit à près de 450 mds et correspond notamment aux montants dus au titre de l'allocation adultes handicapés (qui est d'évidence un engagement pluriannuel) ou les aides au logement dont la complexité est déjà connue par ailleurs.

Au surplus, la France a pris des engagements internationaux et le vote de la LOLF et la réforme constitutionnelle du 23 juillet 2008 contraignent désormais l'Etat à tenter d'approcher la notion d'image fidèle de ses comptes. Ainsi, les différents mécanismes de sauvetage de la zone euro pèsent pour près de 200 mds au sein du passif hors-bilan.

Dans ce panorama qui invite au sérieux et à la componction, il faut noter que l'Etat ne perçoit plus qu'un milliard en 2012 (contre 4 en 2006) au titre des garanties qu'il consent. " Plus la protection de l'Etat a été recherchée, moins elle a été rétribuée par les entités qui en bénéficiaient ". On peut ici songer – et être songeur)- pour ce qui concerne les cautions accordées à la banque DEXIA (page 174) ou à l'UNEDIC. Entre autres entités, dont la délicate question " des engagements relatifs aux subventions d'équilibre des régimes spéciaux de retraite subventionnés (195 mds) : SNCF, RATP (voir page 52).

" L'Etat, c'est la grande fiction à travers laquelle tout le monde s'efforce de vivre aux dépens de tout le monde ". Frédéric Bastiat (Sophismes économiques). Plus d'un siècle et demi après, cette phrase s'applique à cette partie immergée de l'iceberg qu'est la dette hors-bilan. Ainsi, le tableau de la page 41 nous apprend que le " démantèlement des matériels militaires, destruction de munitions, dépollution de sites militaires, engagements de nature fiscale " ne sont pas encore exhaustivement quantifiés...

Si " un soutien au commerce extérieur (COFACE) appelle à la vigilance " (page 130), il est crucial de relever " l'absence de procédures systématiques de revue et de détection des appels en garantie " (page 83) ce qui montre le chemin à parcourir et les tuiles possibles à débusquer ou éviter.

Toute cette dette implicite devrait représenter

près de 175% du PIB lors de l'année électorale de 2017. " Nous sommes dans une ruelle étroite et des deux toits opposés, il pleut également sur nous. " Jean Jaurès. (in " Oeuvres Tome 8: Défense républicaine et participation ministérielle "). Oui, les deux dettes implicite et explicite sont deux toits dont le financement supposerait l'équivalent de 19 années de pression fiscale sous condition d'absence d'ajout de déficit additionnel. Tels sont les faits.

XII

Pas d'impôt supplémentaire ?

La politique c'est l'action au quotidien, c'est aussi le verbe. Tout le monde se souvient du célèbre " Je vous ai compris ". Toutes proportions gardées, la phrase présidentielle : " Il n'y aura pas d'impôt supplémentaire " a déjà un sillage, presque un destin.

Le Secrétaire d'Etat au Budget, Monsieur Christian Eckert, est un homme massif : une sorte d'addition du style direct de l'ancien sénateur de Seine Saint-Denis Marcel Debarge et de la compétence du regretté André Boulloche qui était programmé pour devenir ministre des Finances en cas de victoire de la gauche aux élections législatives de 1978.

Au matin du 13 novembre 2014, il a annoncé qu'il ne fallait pas exclure des hausses d'impôts pour l'avenir. Certes immédiatement recadré par le ministre Le Foll, il n'en demeure pas moins que sa phrase est loyale vis-à-vis de la situation et donc des citoyens.

Le PLF 2015 rectificatif (adopté en Conseil des ministres, la veille, soit le 12 novembre 2014) prévoit désormais un déficit budgétaire affiché de 88,2 milliards (donc en augmentation de 4,3 mds sur le chiffrage de début septembre) et convient du tassement des recettes fiscales provoqué par le " contexte macroéconomique qui pèse de façon conséquente sur les recttes fiscales du budget général ".

Nous avons déjà écrit que le déficit exécuté serait plus proche de 100 milliards que de 90 milliards du fait de l'ampleur de la crise et de l'effet de ciseau qu'elle induit : moindres recettes (TVA et IS principalement) et dépenses sociales non contenues par ricochet de l'ampleur du chômage de masse et des quelques 35.000 personnes qui quittent, chaque mois, le système d'indemnisation pour rejoindre les amortisseurs sociaux, type ASS ou RSA. Ce à quoi, il convient d'ajouter, avec une certaine gravité, le coput des OPEX : donc l'effort de guerre puisqu'il s'agit bien désormais d'opérations militaires d'envergure.

Après ce bref descriptif, la phrase du président de la République sur l'absence d'impôt supplémentaire peut susciter trois réactions. La première – la plus basique – est le rire de ses opposants parfois caricaturaux. La deuxième – plus consistante – revient à se demander pourquoi une intelligence reconnue et fine va, comme à délice, se fourvoyer dans l'énoncé de propos intenables du type " inversion de la courbe du chômage " ou encore " la reprise ? mais elle est là ! ". La troisième suppose de bien tendre l'oreille : à la lettre, pas d'impôt supplémentaire peut vouloir dire pas de nouvel impôt et laisser un voile flou sur les taux d'évolution des impôts actuels. Dans l'esprit, nous avons tous entendu : gel des impôts. Mais tendions-nous assez l'oreille vers la juste expression présidentielle ?

Pour notre part, en économiste indépendant, il nous revient de vous faire part de trois variables significatives.

En premier lieu, la hausse des taux obligataires alliée à la sérieuse détérioration de notre situation générale (Mathilde Lemoine, HSBC, parle désormais du " risque systémique " que la France fait peser sur l'euro) qui devrait enclencher une augmentation de la prime de risque va peser sur nos conditions de financement de notre dette publique. Selon nous, il est désormais parfaitement illusoire de tabler sur des taux aussi bas (que ceux actuellement obtenus par le travail rigoureux et tenace de l'Agence France Trésor) ce qui va impacter de plusieurs milliards ce qui est, hélas, le premier poste budgétaire (45 mds).

En second lieu, comme dirait Madame Aubry, il y a un lien " entre le flou et le loup ". Ainsi, les dépenses de consommation des ménages sont décrites comme telles par le PLF : 0,2% pour 2013, 0,3% pour 2014, et 1,3 % (un virgule trois) pour 2015.

Ce chiffre s'inscrit en contradiction avec les contraintes de pouvoir d'achat qui se répandent dans les existences quotidiennes de millions de Françaises et de Français. Les responsables de cette annonce ne sont pas découplés du monde réel mais chacun mesure que si la dépense de consommation est de facto surestimée, " on " provoque mécaniquement une hausse des recettes prévisionnelles de TVA.

Etonnante France où ce point est passé sous silence par bien des analystes.

Troisième élément, la fiscalité affectée qui représentait en 2013 déjà 112 milliards lorsque la Cour des comptes a lourdement stigmatisé leur opportunité et leurs évolutions respectives. (rapport du 4 juillet 2013 2013 http://www.ccomptes.fr/Actualites/Archives/L a-fiscalite-affectee-constats-enjeux-et-reformes)

Ces taxes non votées par le Parlement pour les différentes Agences et autres institutions publiques (du CNC aux VNF) voient des plafonds fixés dans le PLF 2015 mais l'Etat n'a qu'un seul moyen pour contenir ce dérapage : c'est l'outil délicat à manier de la rebudgétisation qui est citée au sein de la section " Les règles de gouvernance de la LPFP " (page 18 de la synthèse du PLF).

Ces trois variables précitées (taux obligataires, recettes de TVA et fiscalité affectée) sont motrices et risquent de peser très négativement sur le crédit à apporter à la parole présidentielle, à la fameuse affirmation de l'absence d'impôt " supplémentaire ".

Dans cette question d'économie et de politique, la nation a déjà été échaudée par l'incroyable (au sens propre et figuré) déclaration de l'ancien premier ministre Ayrault : " seul un Français sur dix sera concerné par les hausses d'impôts ".

Désormais, en matière fiscale, la suspicion citoyenne est à son paroxysme.

Du fait de la fiscalité écologique et de ses évolutions, la phrase du président Hollande semble intenable. Alors, mystère de la pensée, pourquoi l'avoir prononcée ? Le brillant skipper Loïk Peyron a gagné " La route du rhum " en prenant des risques, pas tous les risques.

Un vieil adage dit " jamais le donjon en premier " : le président s'est exposé. Sans détour. L'avenir jugera.

Pour sa part, le secrétaire d'Etat Eckert a, quant à lui, probablement eu en mémoire la célèbre interpellation de Mirabeau : " Le bien dire ne dispense pas du bien faire ".

XIII

La Cour des comptes et l'avenir en pointillé des préfets

Les magistrats de la rue Cambon ont récemment rendu public une série de recommandations qui visent les femmes et les hommes d'un corps essentiel : la Préfectorale. En fait, les préconisations auraient probablement gagné à être insérées dans une réflexion plus actuelle.

1) La Cour des comptes et ses quatre grandes recommandations :

La Cour des comptes a adressé au premier ministre, au ministre de l'Intérieur et au ministre de la décentralisation et de la fonction publique une série d'observations définitives en date du 9 juillet 2014. Les services du premier ministre ont établi une réponse signée par M. Valls en date du 9 septembre courant. Cet échange a été rendu public le 23, soit hier.

1.1) " Une action limitée par la brièveté des affectations territoriales "

La Cour estime inappropriée la durée moyenne de fonctions des préfets dans leur poste territorial : 24,3 mois en 2013 (contre deux ans et six mois en 2006). De manière finement détectée par la Cour, "cette instabilité nuit à la continuité des politiques publiques et donc à leur efficacité, complexifie le partenariat entre État et collectivités territoriales, effrite la légitimité des préfets auprès de leurs équipes et des élus locaux. En outre, elle va à l'encontre d'une évaluation sereine et objective des résultats obtenus par les intéressés ". Tout est dit sauf une éventuelle référence au stress et à la vie de famille des membres du corps préfectoral. Adeptes du turn-over rapide, des groupes comme Orange, Royal Dutch Shell se sont ralliés à la position des ergonomes et des sociologues d'entreprises qui ont su détecter les limites d'une telle gestion des ressources humaines. Jacques Maisonrouge (IBM Europe) avait évoqué cette question et ses inconvénients dès 1993. Autrement dit, l'ampleur des responsabilités préfectorales et l'équilibre des membres du corps militent pour une durée de présence notoirement accrue.

A l'heure où une réforme territoriale (concernant les régions ET les départements) se profile et est pendante devant les Assemblées, il est quelque peu malencontreux que la Cour n'est pas fait mention de cette dynamique institutionnelle qui va modifier l'avenir des préfets et corrélativement la gestion du corps. Songeons au futur préfet de telle ou telle méga-région et à la charge de travail.

Deuxième élément qu'il aurait été idoine de verser à l'appui de l'analyse critique de la Cour :

l'âge moyen des préfets (un peu plus de 55 ans) qui va conduire, d'ici à la fin du quinquennat, à un profond renouvellement du corps et probablement à la poursuite de sa féminisation. Environ 21% sont des préfètes : loin de l'expérience contrastée d'Yvette Chassagne (première femme préfète : 1981), les femmes se sont fort heureusement efficacement fondues dans le moule du corps préfectoral à l'instar de Bernadette Malgorn (Préfet de région Bretagne et secrétaire général du ministère de l'Intérieur en 2006....avant de rejoindre la Cour des comptes en 2009) ou de Madame Françoise Souliman.

Les explications à cette brièveté de la présence territoriale des préfets viennent de leurs possibles recrutements pour rejoindre des cabinets ministériels, de mutations en cascade suite à des progressions de carrière. Il y aussi le fait que les préfets s'inscrivent forcément dans une neutralité hautement républicaine mais doivent néanmoins pouvoir attester d'un fort lien de loyauté avec le pouvoir central. Rappelons que juridiquement, le préfet est le représentant de l'Etat dans le département comme avait su habilement l'incarner Patrick Strodza alors préfet de la région Bretagne ou Christian Frémont (disparu en août dernier) en région PACA.

Face à cette recommandation de la Cour sur l'ancrage dans le temps sur un territoire donné, nous pensons à un de nos anciens administrateurs : feu le préfet de région Claudius Brosse (qui parvint au demeurant à occuper à deux reprises le poste de Trésorier-payeur-général) et qui a su écrire sans détours : " Un préfet ne peut pas se faire que des amis, et j'irai plus loin : s'il a trop d'amis et de gens qui disent du bien de lui, il y a une présomption, c'est qu'il ne fait pas son travail correctement. " (in L'Etat dinosaure, p.110, 2000).

En hommage respectueux au préfet Claude Erignac, nous posons une question d'efficacité qui relève du pouvoir central et de services spécialisés que ne méconnaissait pas l'auteur du livre précité : un préfet enkysté ne serait-il pas soumis à des pressions personnelles répréhensibles ? L'ancien ministre de l'Intérieur Pierre Joxe a apporté, dans une interview télévisée, une réponse nette. D'autant plus instructive qu'il fût préalablement à sa formulation ancien premier président de la Cour des comptes...

Du fait de la réalité de la vie économique et de certains de ses méandres, nous restons donc assez perplexes quant à l'approche de la Cour que nous vous rapportons fidèlement : " La Cour insiste pour qu'il soit tenu compte de ses observations déjà formulées il y a neuf ans, visant à accroître sensiblement la durée moyenne d'affectation des préfets, à l'instar de celle des représentants territoriaux des États dans divers pays de l'Union européenne, de manière à accroître leurs moyens de réussir dans leurs missions, car elles nécessitent notamment des liens de confiance et une compréhension des enjeux qui ne peuvent se développer que dans la durée."

1.2) " Un nombre significatif de préfets hors cadre "

La Cour, dans ses observations émises sous forme de référé, indique : " Les affectations territoriales n'épuisent pas les fonctions dévolues à des membres du corps préfectoral : en 2013, sur un effectif de 250 préfets gérés par le ministère, 127 étaient affectés à un poste territorial, soit la moitié, alors que 37 étaient détachés, 12 en disponibilité, 1 en dehors des cadres, et 75 dans la situation dite« hors cadre». Plus loin : " La population des préfets en situation hors cadre est extrêmement hétérogène au regard des fonctions exercées, cette situation ayant en fait un quadruple usage ; y sont placés :
- des préfets qui, entre deux affectations territoriales, n'en ont pas d'autre;
- des préfets exerçant des fonctions, en général pour plusieurs années, en dehors du ministère, mais restant payés par lui ;
- des préfets exerçant des fonctions de responsabilité variées au ministère de l'intérieur ;
- certains préfets nommés en mission de service public.
Dans la grande majorité des cas, il n'y a pas de

doute sur l'utilité publique des fonctions exercées par les préfets hors cadre."

Cette dernière phrase nous semble essentielle et contribue à porter une asymptote sérieuse quant à l'opportunité du débat. Quand on se réfère au rapport de la Cour (rendu public le 4 juillet 2013) sur la fiscalité affectée et ses 112 milliards de montant total (progressant de 4,5% par an contre 1,3% par an pour la fiscalité d'Etat), il est assez clair que les décideurs publics doivent davantage porter leur attention sur un tel défi que sur l'enjeu de la gestion de moins de cent haut fonctionnaires qui ne peuvent être nommés (sauf renouvellement) hors-cadre que pour une durée de trois ans.

De surcroît, la Cour est certes dans son rôle de stigmatiser l'irrégularité formelle du maintien du paiement par la place Beauvau mais peut-on inscrire ce fait en haut de la pile de nos imperfections de gestion publique ?

1.3) " Le cas particulier des préfets en mission de service public "

" Depuis 1982, le décret statutaire autorise la nomination de préfets en mission de service public (PMSP), dont la première affectation est, par dérogation, hors cadre et non pas territoriale. Les limites fixées à cette dérogation ont beaucoup varié dans le temps : 5 % de l'effectif budgétaire du corps à l'origine, puis 6 %, puis cinq unités, puis sept. "

" Entre 2005 et 2010, ces préfets ont été affectés, dans 33 % des cas, à la Présidence de la République, presque autant (30 %) au ministère de l'intérieur (cabinet ou services), plus rarement auprès du Premier ministre (9 %), les agents en attente d'affectation et les autres ministères se partageant les 28 % restants. Le statut de PMSP est aussi, dans une moindre mesure, utilisé pour offrir à des sous-préfets méritants en fin de carrière, quelques mois avant leur départ en retraite, le titre de préfet et l'indice y afférent - ce qui améliore la pension servie ; ils se voient alors confier des missions d'attente."

Chacun aura compris qu'un ancien président de la République était ancien ministre de l'Intérieur et pourra avoir en tête l'itinéraire de Claude Guéant.
Là encore, ceci relève de pratiques un peu cavalières mais formellement légales.

A l'occasion de l'énoncé de cette troisième observation, la Cour des comptes avance une affirmation (que nous partageons) mais qui ne rencontre pas l'unanimité dans la haute administration : " C'est la fonction qui crée la légitimité et non le corps d'appartenance ".

Au plan opérationnel, la Cour préconise la suppression des PMSP.
Il n'est pourtant pas superflu de préciser ici qu'à titre d'exemple Messieurs Michel Cadot et Christophe Mirmand sont hors classe, PMSP, et respectivement trésorier et vice-président de

l'Association du corps préfectoral et des hauts fonctionnaires du ministère de l'Intérieur.

1.4) D'un corps de fonctionnaires à des emplois fonctionnels ?

" Au-delà des recommandations émises pour améliorer la gestion du corps préfectoral tel qu'il existe aujourd'hui, et compte tenu des pratiques ayant conduit à nommer deux fois plus de préfets qu'il n'y a de postes territoriaux à pourvoir, de l'ouverture accrue de ce corps à des fonctionnaires n'ayant pas exercé les fonctions de sous-préfet, de la faiblesse des effectifs en jeu et des contraintes dues à la gestion des préfets hors cadre, la Cour estime qu'une autre voie pourrait être explorée. Il s'agit de la création d'un cadre d'emplois fonctionnels pour pourvoir les postes de préfet territorial, à l'instar des bonnes pratiques en vigueur pour les autres emplois de responsabilité, ce qui impliquerait la mise en extinction corrélative du corps dans sa définition actuelle. "

Cette position très tranchée rejoint donc les recommandations abordées et reprises ci-dessous :

" La Cour formule donc les recommandations suivantes :
- recommandation n° 1 : fixer l'objectif d'une durée minimale de fonctions de trois ans pour les préfets de département et de quatre ans pour les préfets de région ;
- recommandation n° 2 : regrouper dans le

temps, autant que possible, les nominations des préfets sous forme de mouvements cohérents ;

- recommandation n° 3 : dans le cadre juridique actuel d'un corps spécifique,
aligner les positions prévues pour les préfets sur celles du droit commun de la
fonction publique et, corrélativement, supprimer la catégorie des préfets en
mission de service public ;

- recommandation n° 4: mener à bien l'étude sur la fonctionnalisation des préfets
annoncée par le ministère de l'intérieur.

2) Extrait des réponses du premier ministre et compléments :

2.1) Les réponses issues de la lettre de Monsieur le premier ministre

Sur la brièveté de l'affectation préfectorale, le premier ministre oppose une fin de non-recevoir essentiellement pour des contraintes de service, pour pouvoir faire face à un " changement d'affectation pour des raisons d'opportunité ".

Le propos est aussi clair que les intentions initiales de la Cour.

Evoquant l'ancienneté, la mise hors cadre et le lien entre rémunération et affectation, le

premier ministre écrit : " Quoi qu' il en soit, cette question devra être examinée dans le cadre plus global de la réflexion sur la création d ' un cadre d 'emplois fonctionnels pour pourvoir les postes de préfet territorial et de la création d'un nouveau corps appelé à remplacer celui des préfets. "
(Lettre du 9 septembre 2014 sous référence 1197 / 14 / SG).

L'avenir des préfets est en pointillé au plan opérationnel du fait de la future réforme territoriale (contenus et modalités d'application de leurs missions) et au plan organique (refonte de la définition du corps visée explicitement par la lettre de M. Valls).

Au regard de cette nouvelle d'importance, le reste de la lettre est d'ordre plus technicien et répond à la Cour. Sans formule de conclusion mais avec signature effective de Monsieur le premier ministre.

2.2) Un corps en pointillé pour une vie sans franchissement de lignes jaunes

Le corps préfectoral sait désormais que sa définition présente est promise à réforme : il est un corps en pointillé dont l'avenir n'est pas tracé ni encore clairement explicité.

Loin d'être des hauts fonctionnaires de simple autorité, les préfets sont des personnes que l'instant peut assaillir à tout moment.

D'évidence, il nous faut songer aux menaces terroristes mais aussi à l'imprévu tel que celui que Michel Fuzeau, alors préfet de l'Essonne, a du gérer " au quart de tour " lors de la catastrophe ferroviaire de Brétigny sur Orge.

Ayant servi le préfet André Chadeau alors Délégué à l'aménagement du territoire (1980), j'ai retenu de son expérience de préfet de région Nord Pas de Calais qu'il faut avoir la capacité d'être toujours sur la brèche tout en sachant maîtrise garder.

A l'heure où une redéfinition du corps préfectoral se dessine, souvenons-nous que ces hauts fonctionnaires n'ont pas le droit de franchir la moindre ligne jaune : ni celles de l'Etat de droit, ni celle de la juste proportionnalité de leurs décisions (cas d'une usine occupée et recours parcimonieux aux forces de l'ordre, etc).

Souvenons nous aussi, en méthodologie, que ce corps d'exception est fait d'exceptions. Ainsi, s'il ressort d'une certaine logique de ne retenir que la durée moyenne d'affectation des préfets, il aurait semblé pertinent de souligner l'exception majeure que constitue l'état-major de la préfecture de police de Paris.

De facto, la durée d'affectation du préfet de police de Paris est supérieure à la moyenne générale citée par la Cour des comptes. Nul ne saurait oublier l'émérite Maurice Grimaud (

1966 – 1971), Pierre Somveille (1976 – 1981), Pierre Verbrugghe (1988 – 1993) ou Philippe Massoni (1993 – 2001).

Le corps préfectoral est un rouage complexe de notre démocratie et un garant quotidien de la République ce qui suppose que les élus de la nation chargés d'élaborer et de voter sa future réforme fassent preuve d'un discernement à l'aune de la complexité des tâches.

Pensant à un illustre préfet de Chartres (Jean Moulin), il m'appert que j'ai omis de citer le recordman de longévité à la tête de la " PP" de Paris : Maurice Papon, du 15 mars 1958 au 26 décembre 1966. Décidément certains rouages sont complexes et seuls d'anciens préfets de zone de défense sont – ou étaient – garants de la vérité.

XIV

La Cour des comptes européenne : bientôt 40 ans pour un bilan en demi-teinte

L'Union européenne est dotée depuis 1975 d'une Cour des comptes dont il faut reconnaître que les travaux demeurent discrets et pourtant ceux-ci méritent attention par leur qualité graduellement croissante.

1) Des travaux de qualité mais assez méconnus :

La Cour des comptes européenne (CCE) ou encore " European Court of Auditors " (ECA) a pour principale fonction de veiller à la régularité et à la sincérité des comptes publics des diverses institutions de l'Union européenne. En premier lieu de la Commission et du Parlement mais aussi des autres institutions telles que la Cour de Justice, la Banque européenne d'investissement, etc.

La CCE a pour socle méthodologique la règle des trois E : " Economie, Efficience, Efficacité ". Rappelons que le principe d'économie est celui qui est issu de la juste proportionnalité de la dépense à l'objectif poursuivi. Celui d'efficience vise à maximiser le rapport entre les coûts consacrés à une action et les résultats atteints. (rapport outputs / inputs). Quant au principe d'efficacité, il vise à ce que le rapport entre les résultats obtenus et ceux initialement escomptés soit égal ou supérieur à un.

Concrètement la CCE est garante de la qualité d'exécution du budget de l'Union. Sur ce sujet, la page 11 (du rapport 2013) est importante : " Le taux estimatif d'erreur affectant les dépenses imputées au budget de l'UE dans son ensemble a encore augmenté en 2012, passant de 3,9% à 4,8%. Ce taux a augmenté chaque année depuis 2009 après avoir reculé au cours des trois années précédentes. " Ainsi, nous aboutissons à une double conclusion d'étape : la CCE est méconnue du grand public voire de nombreux décideurs et le fruit de ses travaux demeurent très largement méconnus voire dédaignés par les institutions que la Cour a précisément pour mission de contrôler.

Sans quête de polémique ou de figure de style déplacé, ce taux croissant d'erreur sur le budget de l'Union nous semble être un fait tangible qui nuance une affirmation de la CCE : (page 40 du rapport 2013) " 98% des parties prenantes estiment que les rapports de la Cour sont utiles à leurs travaux et que 94% d'entre elles considèrent qu'ils ont une incidence ". Ce diagnostic est issu, selon la CCE, du succès des IPC (indicateurs de performance) instaurés depuis 2008.

Il n'empêche, un taux d'erreur de 4,8% du budget de l'Union représente près de 10 milliards d'Euros (rapportés au budget de l'époque : 146 mds).

Si la CCE paraît peu écoutée sur le budget, elle a, en revanche, été entendue par la groupe " Développement rural, environnement, pêche et santé, " qui est resté le domaine de dépenses le plus exposé aux erreurs avec un taux estimatif d'erreur de 7,9%. Ce score ne serait pas accepté sans suites vigoureuses par les auditeurs internes de Vinci, de Michelin ou de Valéo. L'Europe a donc des marges de manœuvre en matière de progression de rectitude des chiffres.

2) Une logique d'aide au quitus plus qu'un bras armé pour des sanctions :

En France, la Cour des comptes ne donne pas quitus de leurs gestions aux ordonnateurs publics. Au plan européen, les institutions importantes que sont le Parlement et le Conseil européen donnent quitus de sa gestion à la Commission.

Depuis plus de 200 ans, la Cour des comptes (de la rue Cambon) est dotée d'un parquet général dont l'efficacité aiguisée est connue de la place tout autant que la rigueur intellectuelle du Procureur général qui l'anime : qu'il s'agisse de Madame Hélène Gisserot ou de son actuel titulaire Monsieur Gilles Johanet.

Face à une insertion dans le paysage administratif européen trop en retrait de la CCE, notre préconisation vise à faire incorporer l'OLAF (Office de lutte antifraude) par la Cour. En effet, il y a actuellement nécessairement des zones de recouvrement – plus ou moins harmonieuses – entre leurs travaux d'enquêtes. L'OLAF indique sur son site de présentation avoir procédé, depuis 1999, à plus d'un milliard de recouvrements et (sic) " à un total cumulé de 900 ans d'emprisonnement ". Convenons qu'un milliard sur 15 ans n'est pas un montant exceptionnel pour qui songe que le total de 15 ans de budget de l'Union a représenté, sur la période, près de 2100 milliards...

Plus qu'un jeu institutionnel, il y a une logique d'efficacité à soumettre l'OLAF en tant que première pierre d'un parquet général de la Cour des comptes européenne. Point additionnel fondamental, il faudrait étoffer cette réforme en instaurant un devoir de révélation des faits délictueux pour les auditeurs externes légaux (commissaires aux comptes et article L 823 – 12 du Code de commerce conforté par la récente circulaire ministérielle du 18 avril 2014) lorsque ceux-ci ont pour mandat de contrôler les comptes d'entités bénéficiaires d'aides européennes significatives. A noter qu'il n'y a qu'un modeste pas à franchir puisque la CCE, issue du traité de Bruxelles du 22 juillet 1975 est devenue une institution européenne le premier novembre 1993 du fait de l'entrée en vigueur du célèbre traité de Maastricht. Ainsi, elle est d'ores et déjà compétente pour le contrôle d'entités recevant des aides européennes.

Intégration de l'OLAF, installation d'un Parquet général avec possibilité de saisine externe, et instauration d'un régime répressif sur le modèle à l'efficacité avérée de la Cour de discipline budgétaire et financière (CDBF) qui dépend de la Cour des comptes de notre pays et constitue une juridiction administrative dédiée à la répression des infractions commises en matière de finances publiques. La CDBF sanctionne par des amendes les infractions à l'ordre public financier (art. L.313-1 et s. du code des juridictions financières) et sa transposition ambitieuse, au plan européen, serait un maillon fort du bras armé des sanctions qui fait actuellement défaut.

3) Un besoin de contrôle là où l'action se déroule :

La CCE compte 891 personnes (dont 147 pour les tâches de traduction) et cela ne s'inscrit pas dans l'excès pour qui réfléchit posément à l'ampleur des missions de la Cour et à la vigueur des comportements frauduleux. Ce qui est relativement frustrant avec la CCE vient du fait qu'elle a un sérieux plateau de compétences hélas mal relayé par les Etats membres.

Dans une certaine mesure, cette palette consistante de compétences de la CCE est à rapprocher de celles que la loi du 22 juin 1976 (modifiée le 6 décembre

1994) a dévolues à la Cour des comptes française. Un critère, peu utilisé, autorise en effet la Cour à exercer son contrôle sur des entités dont " le pouvoir prépondérant ou de gestion " appartient à des entreprises publiques. Le législateur a très opportunément dissocié le pouvoir – là où l'action se déroule – du niveau de détention publique du capital.

A la lecture de différents travaux de la CCE, nous estimons que cette institution mériterait de bénéficier d'une compétence textuelle aussi étendue afin de ne pas être " shuntée " dans certains dossiers.

A l'heure présente, le cœur de l'activité de la CCE est défini en page 2 du rapport annuel : " contribuer à une réelle amélioration de la gestion de l'UE et au renforcement de l'obligation de rendre compte de la gestion des fonds de l'Union ".

Sur les 77 rapports et avis émis en 2013, nous devons relever que le besoin de contrôle est sérieusement avéré et que les écarts à la conformité sont parfois conséquents. Le Président Vitor Manuel da Silva Caldeira, au demeurant de même nationalité que le Président Barroso, n'en disconvient nullement. Il est ainsi à l'unisson avec le collège de la CCE qui est composé d'une personne par Etat membre auxquelles il conviendrait d'adjoindre le procureur général.

Précision instructive, la CCE elle-même voit ses comptes soumis à certification par un cabinet d'audit indépendant. Actuellement PwC (PricewaterhouseCoopers).

4) Les limites propres à l'audit externe :

L'audit externe est une discipline plus délicate qu'il n'y parait car elle impose un savoir-faire cumulatif :

méthodologie, pugnacité, capacités de travail en équipe, persévérance.

A défaut d'une véritable lecture critique et distanciée des faits et données, l'équipe d'auditeurs peut malencontreusement s'engager dans des impasses conceptuelles ou quantifiées.

L'histoire comparée des institutions de contrôle rapporte que le progrès dans l'exécution des missions doit systématiquement et inlassablement être recherché.

La Cour des comptes (France) a ainsi écrit : " L'examen des comptes de la SNCF (jusqu'à l'exercice 2002 inclus) montre que l'objectif premier de la loi de 1997, à savoir l'assainissement financier de l'entreprise a été atteint. " (" La réforme ferroviaire de 1997 : un bilan financier, page 253, 2003). Ces lignes sont démenties par les propos du Secrétaire d'Etat Frédéric Cuvillier lors de l'examen parlementaire (juillet 2014) de la réforme ferroviaire ce qui montre qu'un audit doit tenter de s'inscrire dans la durée lorsque les enjeux financiers l'imposent.

Dès lors, que penser des contrôles de la CCE sur les budgets de la PAC ?

Que penser de la page 29 (rapport CCE) où l'on peut lire : " En 2012, un total de 13 partis et de 12 fondations politiques au niveau européen ont bénéficié d'un financement par le budget général de l'UE. ...\.... Parmi ses observations, la Cour a noté que le règlement devait clairement définir les notions de dons, de contributions et de prêts à un parti politique européen. Elle a également recommandé que les sanctions appliquées en cas de violation des règles soient plus codifiées et que le règlement prévoie l'application d'un coefficient multiplicateur aux montants indûment perçus, sans fixer de plafond. " Les choses sont clairement dites....

Conclusion :

La CCE mériterait un avenir plus ambitieux pour le bien-être des contribuables et contributeurs de notre Europe.

Depuis ces nouveaux bureaux situés à Luxembourg, la CCE a réfléchi en 2013 sur " l'analyse des économies potentielles pour le budget de l'UE en cas de centralisation des activités du Parlement européen " (15 juillet 2014). Tout transférer à Bruxelles au détriment de Strasbourg (marquée dans l'inconscient collectif par le serment de Koufra) représenterait une économie annuelle de 114 millions.

Les politiques décideront mais avec une dague plus pointue, tant la CCE que l'OLAF pourraient sans bouleversement majeur, percer bien davantage la montgolfière des fraudeurs aux deniers de l'Union.

Risques bancaires et sujet du crédit

XV

Emprunts toxiques : le coup de Jarnac à 17 milliards

Les contribuables locaux ont en mémoire la question des endettements de " leur " ville ou de leur département via des emprunts dits toxiques. De même, les plus attentifs connaissent bien le nom de la banque Dexia qui est au centre de nombreux contentieux. Une récente loi de fin juillet 2014 vient de bouleverser le paysage juridique de cette question.

1) Jurisprudence de Nanterre en 2013 et département de la Seine Saint-Denis :

" Face à la pente impressionnante des taux d'intérêt à payer suite aux emprunts dits toxiques, le département longtemps dirigé par Monsieur Claude Bartolone (qui avait hérité de cette situation d'endettement) avait décidé de surseoir à ces règlements. Le Tribunal de grande instance de Nanterre intime l'ordre à cette collectivité de reprendre ses paiements, mais à partir du seul taux d'intérêt légal. Le manque à gagner pour Dexia va être significatif puisque le taux de l'intérêt légal issu du décret n°2012-182 du 7 février 2012 l'a fixé à 0,72 % contre 5 à 9 % pour le taux unissant les parties en cause.

Il est à noter que la condamnation de la banque ne provient pas de la complexité des emprunts proposés (trois prêts pour un total de 200 millions d'euros), mais du seul fait que le taux effectif global n'a pas été mentionné explicitement à l'emprunteur. C'est donc le défaut d'information que le Tribunal a retenu, évidemment à bon droit. Là où l'opacité de l'évolution des taux d'intérêt va demeurer sera lorsque le formalisme de l'information du débiteur aura été respecté. " (Extrait d'une contribution publiée sur le site *Cercle Les Echos*, le 12 février 2013 http://archives.lesechos.fr/archives/cercle/2013/02/12/cercle_65382.htm
)

2) Autres décisions de Justice rendues ou à venir :

Le député Christophe Castaner, en sa qualité de rapporteur du projet de loi (devenue la loi n° 2014 – 844 du 29 juillet 2014) indique que 395 emprunts de la SFIL et 51 de Dexia sont actuellement érigés au stade de litiges judiciaires. Pour mémoire, la SFIL (société de financement local) s'est vue transférer un ensemble de prêts complexes et contestables sur décision de l'Etat et de la Belgique.

Chacun mesure l'ampleur des contentieux et le caractère incertain de leur dénouement pour le prêteur aux pratiques audacieuses. A titre d'exemple, retenons le cas d'Angoulême (géographiquement proche de Jarnac...) qui a obtenu, d'une décision du 4 juillet 2014 (TGI de Nanterre) le remboursement de 3,4 millions d'euros pour une erreur de détermination des taux d'intérêt : l'assignation portant frontalement sur une annulation d'un emprunt toxique de 16 millions d'euros.

Selon un chiffrage prévisionnel de la réparation du préjudice et du coût de son éradication, l'Etat avait fixé le risque à hauteur de 17 milliards d'euros. Autrement dit, si les contentieux avaient abouti de manière hautement probable, l'Etat aurait été contraint de soutenir SFIL et Dexia à hauteur de près de 20 milliards d'euros par recapitalisation ou par cautions à retrouver dans sa dette hors-bilan (jusqu'à un certain seuil).

Perplexe face à cette perspective, l'Etat a procédé par voie législative mais a du s'y reprendre à deux fois.

3) Le hoquet législatif et " le motif impérieux d'intérêt général " :

En date du 25 septembre 2013, le PLF 2014 (projet de loi de finances) a vu se glisser une disposition destinée " à apporter une solution pérenne et globale au problème des emprunts structurés les plus risqués ". Quel était son contenu ? Un dispositif visant à prémunir les établissements de crédit contre l'impact des recours en justice.

Hélas pour les apprentis alchimistes, le Conseil constitutionnel a d'évidence invalidé cette disposition au motif qu'elle constituait " un champ d'application extrêmement large " ce qui est textuellement incontestable. Certaines collectivités locales, en litige, ont repris leur respiration après ce coup de canif dont la lame était déjà sévère.

En date du 17 juillet 2014, l'Etat a repris l'offensive et le Parlement a ainsi adopté un projet de loi " relatif à la sécurisation des contrats de prêts structurés souscrits par les personnes morales de droit public ". Sept jours plus tard, le Conseil constitutionnel a validé les quatre articles que contient ce qui est devenu la loi du 29 juillet.

Les considérants 13 à 15 de la décision du Conseil (2014-695 DC du 24 juillet 2014) sont d'importance : " 13. Considérant qu'il résulte de ce qui précède que le législateur a strictement limité la portée de ces validations en adéquation avec l'objectif poursuivi ;
14. Considérant que l'incertitude quant au montant exact du risque financier global est inhérente à l'existence de nombreuses procédures juridictionnelles en cours portant sur des cas d'espèce différents et à l'existence de procédures susceptibles d'être encore introduites ;
15. Considérant que, par suite, eu égard à l'ampleur des conséquences financières qui résultent du risque de la généralisation des solutions retenues par les jugements précités, l'atteinte aux droits des personnes morales de droit public emprunteuses est justifiée par un motif impérieux d'intérêt général ; "

" Atteinte au droit des personnes morales de droit public " et " motif impérieux d'intérêt général ". Lorsque de telles notions sont mises en avant, l'Etat de droit ne perd rien en légalité mais qui osera dire dans le cas d'espèce de ces fameux emprunts toxiques qu'il ne s'agit pas ici d'une sorte d'amnistie bancaire au parfum de fait du prince. En droit administratif, distinct de la théorie de l'imprévision qui ne trouve pas à s'appliquer ici, le fait du prince vise tout acte arbitraire du gouvernement qui nuit au cocontractant qui peut alors prétendre à indemnisation.

En ne retenant pas la voie du décret et en s'abritant derrière les voix des parlementaires, l'Etat réalise un coup de Jarnac en se protégeant au détriment des finances locales. En avalisant de facto les pratiques parfois hasardeuses (devoir de conseil, etc) de Dexia et autres, l'Etat donne un sauf-conduit juridique à des décideurs qui ont élaboré et commercialisé des produits de portée répréhensible.

Le conseiller d'Etat Bernard Tricot, ancien haut collaborateur du Général de Gaulle n'aurait guère goûté une telle pratique étatique : pas davantage que son successeur à la Présidence, Monsieur Jouyet.

Ainsi, chacun d'entre nous peut cibler le poids de la dette publique : si nous n'étions pas altérés par ce fardeau, l'Etat aurait honoré le dossier Dexia et ses divers engagements. Par impécuniosité, la morale du droit a été limogée pour se retrouver laminée dans un coup de Jarnac au demeurant subtilement construit.

4) La loi du 29 juillet et les prêts toxiques :

Le 29 juillet est, dans notre histoire, une date fondamentale en matière de libertés publiques : songeons à la loi du 29 juillet 1881 sur la liberté de la presse.

La loi visée du 29 juillet 2014 contient en son article 1 le début de phrase suivant : " Sous réserve des décisions de justice passées en force de chose jugée, est validée la stipulation d'intérêts prévue par tout écrit constatant un contrat de prêt ou un avenant conclu antérieurement à l'entrée en vigueur de la présente loi entre un établissement de crédit et une personne morale de droit public.... "

Le lecteur, même novice en droit, a perçu le bruit de corne de brume de la rétroactivité qui aura, dans certains cas, (ou pas ?) une influence sur le destin des contentieux actuellement en cours et qui, par ailleurs, ferme la porte à bien des contestations ultérieures.

La loi ne permet plus de contester soit le défaut de mention du TEG (taux effectif global), soit celle du taux de période ou même de la durée de période. De même, cette construction législative permet de ne plus opposer contestation à des irrégularités de taux ou de durée au regard de l'article L 313 – 1 du code de la consommation.
Face à ce nouveau dispositif, il sera intéressant un jour (beaucoup plus tard...) de connaître la position de Monsieur Michel Charasse, juge au Conseil constitutionnel, qui a très fréquemment défendu les collectivités territoriales contre le pouvoir central.

Dans un délai de 8 mois, la loi indique que le gouvernement présentera au Parlement un texte relatif à la réforme du TEG.

En attendant – le diable se cachant dans les détails -, il faut garder en mémoire que le PLF 2014 n'avait été que partiellement invalidé par les sages du Palais-Royal. Ainsi, le fonds de soutien de 1,5 milliard d'euros a bien été créé et sera, pendant quinze ans, partiellement financé par l'Etat et les banques (taxe sur le risque systémique). Autant dire que l'impact financier de ce dossier n'est pas totalement clos pour le contribuable national.

Au plan local, l'APCET (Association des Acteurs publics contre les emprunts toxiques) envisage plusieurs recours et la formulation formelle d'une QPC (question prioritaire de constitutionnalité) : démarche légitime étant donné l'objet de l'association mais résultat bien incertain compte-tenu des motivations de la décision du 24 juillet du Conseil.

Conclusion :

Là où ce dossier est assez terrible pour les finances locales, c'est qu'il existe un principe général selon lequel le paiement s'impute d'abord sur les intérêts (code civil, article 1254). Au nom de la règle ancienne du " computatio in sortem ", les mairies ou les départements vont d'abord devoir honorer les intérêts qui sont précisément déterminés de manière hautement variable et fortement haussière (cas des indexations euro / franc suisse). Ainsi cela repousse d'autant la date de sortie de leur endettement.

En sa tradition républicaine, le Conseil constitutionnel était en mesure d'imposer à l'Etat un règlement plus nuancé du dossier des emprunts toxiques. Il a été choisi une autre voie plus maximaliste et unilatérale. En pensant au futur bilan global de toute cette opération, et en me calant sur des chiffrages raisonnables, je ne suis pas certain que le tandem Etat & Collectivités territoriales sortent en positif grâce au chemin retenu.

Pour émettre une note légère, le 29 juillet est l'anniversaire de la naissance de Messieurs Claude Bartolone et de Jean-Paul Huchon qui sont des praticiens de ce dossier et qui vont voir certains de leurs amis dans des péripéties de gestion publique locale.

Pour émettre une note plus conséquente à titre conclusif, il est clair que le Conseil est dans sa tradition selon laquelle l'autorité de la chose jugée est intangible (décision n°80-119 du 22 juillet 1980). Mais en matière de rétroactivité des lois, les considérants n'emportent pas une adhésion immédiate, loin s'en faut. Faut-il remonter à l'arrêt de principe de la Cour de cassation en 1932 : « Si toute loi nouvelle régit, en principe, les situations établies et les rapports juridiques formés dès avant sa promulgation, il est fait échec à ce principe par la règle de la non-rétroactivité des lois formulée par l'article 2 du Code civil, lorsque l'application d'une loi nouvelle porterait atteinte à des droits acquis sous l'empire de la législation antérieure ». Qui peut nier que des droits acquis sont soumis à altération pour les collectivités territoriales ?

Enfin, respectueux du Parlement en tant qu'organe majeur de la démocratie représentative, il n'est pas illégitime de poser la question de son " ingérence " (sic) dans ce dossier des emprunts toxiques.

Voir l'arrêt de la Cour européenne des droits de l'homme du 28 octobre 1999 : " le principe de la prééminence du droit et la notion de procès équitable consacrés par l'article 6 s'opposent, sauf pour d'impérieux motifs d'intérêt général, à l'ingérence du pouvoir législatif dans l'administration de la justice dans le but d'influer sur le dénouement judiciaire du litige ".

Est-on loin du cas d'espèce ?

XVI

Le " credit crunch " : surmonté ou vivace ?

L'anglicisme usuel et répandu de credit crunch désigne le resserrement du crédit qui accompagne les temps de crise économique. Autrement dit, il traduit la difficulté rencontrée pour obtenir un crédit et de l'autre côté le caractère prudent des banquiers prêteurs.

1) Une question d'envergure : le credit crunch comme foyer d'autoalimentation de la crise

Comme l'ont démontré Keynes et d'autres économistes depuis ainsi que bien des entrepreneurs dans les derniers mois (via différents appels au Président de la République), il ne peut y avoir de décisions d'investissement si la demande anticipée s'inscrit dans une perspective négative. C'est de bon sens que d'être vigilant (au risque d'être timoré) sur la FBCF (formation brute de capital fixe) lorsque l'avenir semble sombre pour les carnets de commande. De cette appréciation négative sur l'avenir, le champ économique de la France souffre assurément depuis plusieurs mois et ce fait contribue à la déprime élargie de l'activité.

Parallèlement à cette grande prudence de l'entrepreneur investisseur, il faut relever une autre évidence : les banquiers prêteurs sont en configuration – eux aussi – de grande prudence et de vigilance : autrement dit, il existe d'autant plus une forte sélectivité de la distribution de crédit que la mauvaise conjoncture – alliée à l'impact des impayés et autres liquidations judiciaires – impose la prudence précitée car elle détériore la qualité des bilans et augmente l'occurrence des sinistres.

Investissement en berne et réticences à octroyer du crédit sont deux facteurs fortement explicatifs de l'atonie de la croissance française. En fait, ce resserrement du crédit nous paraît constituer un foyer d'autoalimentation de la crise hexagonale.

D'autant que le credit crunch présente deux versants : d'une part, il se traduit par une baisse du montant total accordé via des financements bancaires externes. D'autre part, il s'exprime par le resserrement des modalités contractuelles imposées pour l'octroi de crédits. Ceci dans le contexte qui ne saurait être négligé des ratios prudentiels qu'imposent les nouvelles régulations de type Bâle III.

Pour certains analystes, la France ne serait que très marginalement concernée par le credit crunch : les lignes qui suivent vont tenter d'exposer notre analyse qui aboutit à des conclusions inverses voire diamétralement opposées.

2) La France ne serait pas confrontée au credit crunch ?

La récente décision fort opportune de la BCE de rémunérer à taux négatif les dépôts des banques auprès de cette institution est un fait. C'est aussi, pour l'analyste, la preuve irréfutable que le collège des banquiers centraux a parfaitement mesuré le risque avéré de la pratique bancaire qui consistait à activer (et prendre leurs gains) sur des échanges interbancaires plutôt qu'en investissant dans l'économie réelle et dans la sphère productive. La baisse parallèle des taux à court terme de la BCE est aussi une arme anti-déflationniste et anti-resserrement du crédit.

De plus, il est fort probable que la BCE dispose d'informations consolidées sur ce que l'on nomme les " ventes de détresse " qui sont des cessions d'actifs réalisées dans de mauvaises conditions financières par les entreprises en mal de trésorerie et qui – présentant un avenir incertain – n'ont plus accès au marché du crédit. Le théoricien Hyman Minsky connu pour son " HIF " (hypothèse d'instabilité financière) a écrit qu'il y avait un " moment " (d'où l'expression " moment Minsky ") où le risque de cessation des paiements et de surendettement conduisait à ces cessions à perte qui entretiennent le climat récessif et déflationniste. Il suffit au présent lectorat de regarder certaines presses spécialisées pour prendre totalement conscience des volumes financiers et sectoriels concernés. Le nier serait nier l'observation d'une vraie difficulté.

Lorsqu'une entreprise sait qu'elle a un bilan guère présentable à l'analyste bancaire, elle ne pousse pas la grande porte du distributeur de crédit et pare au plus pressé, autrement. Ainsi, nous estimons que le credit crunch, qui est mesuré de manière fiable (dossiers déposés, dossiers acceptés, ratio entre crédit demandé et crédit obtenu, etc) ne l'est pas de manière exhaustive car tout un pan de l'activité économique s'abstient, s'autocensure face à la demande de crédit car les lucidités cumulées du chef d'entreprise et de son DAF les conduit à éviter de dédier de l'énergie à une action qu'ils anticipent comme parfaitement vaine.

La page 35, alinéa 4, du bulletin n° 192 de la Banque de France émis lors du deuxième trimestre 2013 rapporte un axe fort de l'analyse : " Il semble donc qu'il y ait eu plutôt une moindre demande de crédit de la part des entreprises qu'un fléchissement de l'offre ". (Etude : " Accès au crédit des PME et ETI :

fléchissement de l'offre ou moindre demande ? " de François Guinouard, Elisabeth Kremp et Marina Randriamisaina). Cette étude éclairante évoque " le ralentissement récent des encours de crédit " (p. 36 § 2) et nous rappelle que " la demande de crédit peut être freinée par l'incertitude économique qui amène les entreprises à réduire leurs activités ou à différer leurs projets".

Un certain nombre d'études réalisées par des cabinets d'experts-comptables ont indiqué la progression des dettes dues aux " Groupe et associés " (compte 45) : endettement de filiales face aux holdings, et surtout augmentation des comptes d'associés. En effet, la Banque de France a établi que le resserrement du crédit suit une logique de taille et atteint d'autant plus les TPE (moins de 10 salariés) et d'autant moins les très grandes entreprises. Dès lors, on comprend les angoisses de dirigeants de TPE qui n'ont d'autre choix opérationnel que d'apporter de l'argent frais en compte-courant de leur entreprise. Les PME sont dans une situation parfois voisine et il faut savoir que moins de deux pourcent du passif des PME vient de l'endettement bancaire (Observatoire des entreprises, 2012).

Ventes de détresse, autocensure des entrepreneurs en posture trop incertaine, apports par augmentation de capital ou par abondement des comptes-courants d'associés sont des mécanismes quotidiens qui faussent la perception de la véritable dimension du credit crunch qui sévit dans la France de 2014.

3) L'analyse de la distribution de crédit :

Traditionnellement, l'analyse de la distribution de crédit provenait de la consolidation des donnés des établissements bancaires auprès de la Banque de France. Ainsi, la source principale provenait des offreurs et de quelques analyses, par échantillons, de la centrale des bilans. Depuis mai 2012, il y a donc deux ans, la Banque de France a complété efficacement son dispositif en réalisant une enquête trimestrielle qui se situe du côté des demandeurs de crédit et de leurs expériences vécues. Evidemment, cette étude mesure notamment le taux de réponses positives liées à la formulation d'une demande de crédit. Dans l'étude de synthèse précitée supra (bulletin BdF n° 192), il est indiqué que " les demandes des PME et des ETI sont largement satisfaites ", " taux d'obtention de crédit : plus de huit entreprises sur dix obtiennent totalement ou en grande partie ce qu'elles ont demandé ". Plus loin : " la demande de crédit d'investissement des PME est, en proportion, plus soutenue que celle relative au crédit de trésorerie et l'accès aux crédits d'investissements est largement satisfait. " Ce point est significatif du besoin qu'a l'économie politique d'être liée au droit des affaires. Car enfin, quelles garanties (hors caution du dirigeant ?) peuvent être apportées à un crédit de trésorerie appelés communément crédits de campagne ? Ne voit-on pas que le droit des sûretés permet à la banque de se prémunir – pour partie – des conséquences d'une défaillance grâce au produit de l'investissement. Sur le marché des particuliers, la crise des subprimes devrait nous rappeler douloureusement les volumes de propriétés immobilières dont les établissements bancaires et financiers sont devenus détenteurs suite à des débiteurs défaillants.

Toujours dans le bulletin BdF précité, il est indiqué : " Au premier trimestre 2013, 3% des PME ont vu leur demande refusée par le banquier et 4% des PME ont obtenu moins de trois quarts des crédits demandés. " On pourrait concevoir que le credit crunch est alors derrière nous voire une vue de l'esprit. Mais, à ce stade, deux remarques s'imposent : tout d'abord, nous maintenons que les acteurs de terrain (Agences de développement, CCI, etc) rapportent ce phénomène d'autocensure des dirigeants qui ne vont donc pas ouvrir un dossier de demande de crédit. Parallèlement, il faut être concret et pragmatique : la Banque de France agrège fidèlement et méthodiquement des données tant du côté offreur que demandeur de crédit. Mais, si un dossier finalement accepté (pour tel montant, telle durée, tel taux, telles garanties) entre dans le champ des statistiques, quelle preuve avons-nous qu'il s'agit bien de la demande initiale ? En matière de banques d'affaires, entre un prix d'offre de rachat formulé au départ et le prix de " closing " il y a plus qu'un fossé dans 98% des cas.

L'économiste Bernard Walliser avait développé les 8 conditions pour qu'un indicateur soit efficace (dès les travaux du IXème Plan en 1982....).

- Pertinence : l'indicateur est-il utile à la recherche considérée ?

- Objectivité intrinsèque : est-il un capteur de véracité ?

- Univocité : non équivoque en contenu primaire et en résultat obtenu ?

- Sensibilité : capacité à traiter les signaux faibles ?

- Prévision : capacité d'aide au pilotage amont ?

- Fidélité : principe de conformité au réel ?

- Transparence : cristallin pour les toutes les parties prenantes ?

- Accessibilité : les données sont-elles aisément collectées, traitées et stockées ?

Dans le cas du credit crunch, les conclusions des enquêtes sont fidèles mais limitées en pertinence par leur accessibilité partielle. Elles sont une aide au pilotage mais ne sont pas univoques puisque le niveau des garanties n'est pas exhaustif : " une entreprise sur 10 se voit demander des garanties supplémentaires par sa banque pour obtenir un crédit ". (étude BdF).

Conclusion

Selon notre analyse, le credit crunch est une réalité de la conjoncture française. Les moyens de le mesurer paraissent adéquats mais posent question. Clairement.

" Une part importante des encours de crédit provient des évolutions passées notamment en ce qui concerne les crédits à long terme. Sauf à les expurger des anciens crédits, ce qui se révèle en pratique techniquement difficile, voire impossible, les statistiques d'encours ne constituent donc pas une bonne approximation de l'activité de crédit courante, et ne peuvent conduire qu'à des estimations biaisées". (Banque de France, octobre 2006, " Les déterminants de l'évolution récente des crédits en France et en Allemagne par Elisabeth Fonteny et Claus Greiber).

De facto, les biais accompagnent la notion de credit crunch par-delà son existence vivace.

XVII

Les stress tests et la Banque Centrale Européenne

Chacun connait désormais l'importance des " stress tests " chargés d'évaluer l'intensité des risques liés à l'évolution de tel ou tel établissement bancaire. Dès lors, nombre d'observateurs sont partiellement rassurés à l'issue de ceux rendus publics le 26 octobre 2014 où seuls 25 établissements posent question. Cela étant, plusieurs éléments sont encore trop mal appréhendés ce qui oblige à dire, simplement et avec componction, que les banques nous stressent.

1) Rappel factuel rapide :

Le rédacteur de ses lignes a, par son expérience, eu le privilège de travailler avec des banquiers d'affaires comme Messieurs Jean-Claude Haas et Antoine Bernheim ainsi qu'avec le Président Jacques de Fouchier remarquablement attachant. Au nom de ses heures de travail, il est donc exclu de placer notre analyse sous un angle à visée belliqueuse. En économie politique, il est avéré que la fonction des banques est capitale par leur habilitation à créer de la monnaie. L'affaire s'arrête là : le secteur des banques est incontournable et respectable mais est pris dans un contexte historique qui dépasse certains de ses dirigeants et qui peut nous conduire à l'apparition d'un risque systémique majeur. Après réflexion et en mesurant notre expression, nous considérons que la crise bancaire (évoquée par une de nos contributions dans ENA-mensuel d'Avril 1993) n'est pas surmontée. De manière plus directe, elle peut être inscrite dans l'avenir à moyen terme de ce secteur-clef des économies occidentales.

Ayant été plus de dix ans commissaire aux comptes, certaines conventions retenues dans les tests de dépréciation nous laissent songeurs. L'identification de dépréciations possibles est strictement prévue par le Plan comptable général en son article 322-5.1. Cette procédure est bien évidemment obligatoire à la date de clôture des comptes. Mais aussi lors de chaque émission d'informations issue d'une situation intermédiaire. Avec un peu de rigueur méthodologique et de patience, il est fort intéressant de prendre connaissance des conclusions des stress tests d'une situation intermédiaire en la rapportant aux informations que fournit l'immédiat éclairage postérieur issu de l'arrêté formel des comptes annuels. Il n'y a pas toujours coïncidence des éclairages ce qui révèle qu'un stress test effectué à un temps " t " peut voir ses éléments constitutifs varier avec six mois de recul. Ceci n'est pas frauduleux et relève de la dynamique des flux bancaires mais cela impose une conclusion analytique indépassable : un stress test est une image relative. D'aucuns diraient floue. D'autant qu'il serait absurde de chercher à nier que certaines tentations existent. Ainsi : le code de Commerce en son article R 123-178-5° et le PCG (article 322-5.3) peuvent donner lieu à conflit interprétatif puisqu'ils énoncent que la conclusion du test de dépréciation n'impose de fixer à leur valeur actuelle les immobilisations corporelles que si elles sont " notablement inférieures " (sic) à leur valeur nette comptable. Sans être au rang d'un collaborateur du Professeur Rives-Lange, tout juriste connaissant les matières comptable et bancaire situent derechef la marge de manœuvre excessive que ce terme laisse à disposition des acteurs bancaires de la Place.

2) Quatre faits d'envergure :

Premier fait, les éléments recueillis pour les stress tests ont parfois exclu la dette souveraine car les banques créancières étaient supposées être détentrices de sommes inaltérables issues de l'infaillibilité de principe des " grands " Etats. Les abandons de créances sur la Grèce, les incertitudes renaissantes sur le Portugal, les bruits de couloir malencontreusement relayés par BFM tv et l'amateur de scoop Nicolas Doze (relatifs à l'éventuel degré réel d' exposition de la BNP sur ses créances italiennes) sont autant d'éléments qui rapportent que le ciel de notre été 2013 pourrait être électrique et moins serein que d'aucuns ne le prédisent.

Deuxième fait, le jeu de certains stress tests est absurde. Pour être volontairement bref et ainsi respecter un secret professionnel partagé, certains établissements ont pris un goût pour la surproduction de données. Ce que l'ancien Président de General Electric, le brillant Jack Welch, stigmatisait avec virulence sous le nom de DRIP : " Data rich but information poor ! ". Effectivement à inonder de données, il est patent que l'auditeur externe est désorienté et peut perdre de vue l'essentiel.

Troisième fait : grâce à quatorze principes concrets " Cela renforcera la gestion des risques, particulièrement ceux des G-SIBS (Global systematically important banks), et augmentera leur aptitude à faire face à des situations de stress et de crises " Stefan Ingves dixit. En tant que président du comité de Bâle et gouverneur de la Sveriges Riksbank, l'objectif est de renforcer l'architecture de données et l'infrastructure de traitement des informations : noble ambition mais à date d'application tardive puisque le délai butoir est fixé à janvier 2016. Si nous visualisons bien les efforts que cette prévention des risques suppose et le temps requis à sa mise en place, convenons ensemble qu'un tel délai est en décalage avec le risque de survenance d'incidents graves d'ici 2016.

Nous pensons notamment à la complexe question du hors-bilan bancaire qui est un vrai facteur de stress pour l'économiste attentif ou pour le contribuable attentiste.

L'actualité de la question du hors-bilan bancaire :
http://www.culturebanque.com/hors-bilan-bancaire/

Nous reprenons ici l'essentiel de notre approche – à valeur de quatrième fait - parue le 13 juin dernier :

L'application des règles prudentielles et la conjoncture sévèrement dégradée obligent les banques à s'engager sur le chemin d'une véritable sélectivité du crédit. Autrement dit, les établissements financiers sont davantage à la recherche de certitudes concernant des contreparties que dans une simple logique de resserrement du crédit souvent nommé le " credit-crunch ".

Dans ce contexte, les banques demeurent des sociétés commerciales dans lesquelles le hors-bilan existe. Rappelons qu'un engagement hors-bilan enregistre des droits et obligations susceptibles de modifier le montant ou la consistance du patrimoine de l'entité considéré. Telle est la définition de l'article 448/80 du Plan Comptable Général. Typiquement un engagement hors-bilan correspond, par exemple, aux engagements pris en matière de pensions et obligations similaires : voir le cas impressionnant de cette question à la SNCF soumise à la norme IAS 19.

S'agissant des banques, la situation nous semble préoccupante au regard d'une notion cardinale nommée : l'image fidèle. Dans bien des cas, le hors-bilan est une sorte de grenier mal rangé que l'on prend pour un attique sans grande importance alors que son poids, en position faîtière, peut menacer l'édifice.

Sans prétendre à la moindre exhaustivité, rappelons que les opérations de crédit-bail sont enregistrées en hors-bilan alors même que l'accélération du rythme des défaillances d'entreprises soulignée par une récente étude de la COFACE renforce donc le risque inhérent à ce produit fort répandu. De fait, le hors-bilan le plus fréquent est celui dans lequel un établissement apporte sa garantie aux obligations d'un tiers et répond donc du risque qui en découle. Concrètement, cela signifie que la défaillance d'un client garanti induit une perte immédiate ou – autre solution palliative – induit l'acquisition, par la banque, d'une créance de qualité inférieure qui impacte alors son contenu bilanciel. C'est ce type de mécanisme itératif risqué qui a expliqué pour partie l'accélération de la dépréciation d'actifs de la banque Bankia dont les besoins de liquidité sont passés de 5 à 20 milliards en moins de trois semaines (avant sa nationalisation). Ainsi, par les montants engagés, le hors-bilan est un mécanisme redoutable puisqu'en cas de sinistre, les règles en vigueur obligent à effectuer des dépréciations d'actifs.

De même, peu d'observateurs ont l'œil attiré par les " opérations passibles de recours ". Celles-ci concernent les cas de figures dans lesquels un banque décide de céder un prêt (ou un actif quelconque) à un tiers mais demeure dans l'obligation d'assumer le risque de crédit dans l'hypothèse d'une défaillance de l'emprunteur ou dans l'hypothèse (conjoncturellement crédible) de détérioration de la valeur de l'actif considéré. Ce genre de pratique de cession d'actifs passibles de recours est d'usage qualifiable de courant : chacun mesure aisément les risques encourus.

Plus connue, la " garantie à première demande " est aussi un élément du hors-bilan. Elle consiste à voir la banque souscrire une obligation envers un bénéficiaire identifié et d'exécuter les conditions de dédommagement prévues au contrat dans le cas où le client de la banque ne serait plus en état d'y procéder. Ce type de contrat peut concerner des livraison de marchandises, l'exécution d'un contrat de construction (voir, là encore, le risque systémique espagnol toujours vivace selon notre analyse), etc.

Pour leurs grands comptes, les établissements financiers acceptent régulièrement de signer des " conventions de ducroire ", c'est à dire qu'ils jouent le rôle du commissionnaire qui se porte ducroire donc pleinement garant de la solvabilité des personnes avec lesquelles ils traitent. Ils garantissent ainsi, in concreto, le paiement des marchandises fournies. Si l'on songe aux sinistres du volailler Doux, d'Heuliez, de Virgin ou des risques chez des sous-traitants de Peugeot, il est loyal et aisé de comprendre que ces instruments de confiance – inscrits au hors-bilan – peuvent devenir des mines dérivantes pour la sécurité du navire amiral lui-même.

Pour aller plus loin, il faut entrer un peu plus dans la technique d'un autre type d'opérations bancaires et aborder la question des swaps de devises et de taux d'intérêt. Lors d'un swap de devises, deux entités considérées prennent l'engagement d'échanger des mouvements de fonds. Ceci est généralement exprimé dans des devises différentes mais de même valeur nette lors de la signature du contrat. Lors d'un swap de type " plain vanilla " (swap de taux d'intérêt classique) les deux entités conviennent de s'échanger les paiements des intérêts (et parfois d'une fraction du principal) liés au même montant de dette ayant même échéance et similitude de dates de règlement. L'une des parties devant honorer le paiement à taux d'intérêt fixe et l'autre devant assurer des paiements à taux variable. Et réciproquement. Le swap de base (de type swap à taux variable reposant sur plusieurs indices comme le taux débiteur de base contre LIBOR) et des swaps combinant taux d'intérêt et devises (dits " swaps CIRCUS ") sont fréquents. Qu'en déduire ? Tout simplement l'importance volumique de ces échanges et le rôle pivot des banques qui assurent souvent un rôle d'intermédiaire entre les entités qui concourent à de telles opérations. Dans la plupart des cas, le rôle des établissements financiers est de garantir chaque principal d'une éventuelle défaillance de l'autre. Parfois, ils sont directement placés en rôle de principal entre les deux acteurs économiques unit par cette opération de swap et signent alors des engagements contractuels avec chacun d'entre eux. Comme le lecteur l'aura clairement appréhendé, les risques que courent les établissements viennent de leurs prises de positions lors de tels swaps et de la défaillance toujours possible d'une des contreparties qui les exposerait alors à un risque sérieux imprévu de taux d'intérêt ou de change pendant la durée du swap.

Cet exemple un peu détaillé rapporte la dimension des enjeux du hors-bilan qui nourrit notre inquiétude face à la prévention du risque systémique où nous espérions une supervision bancaire d'ambition c'est à dire relevant bien davantage de la BCE que des régulateurs nationaux (chypriote ?). L'Union européenne a cédé face à un groupe de lobbies en ne confiant que moins de 300 établissements au contrôle de la BCE sur les 6.000 (ndlr : six mille...) que compte la zone. C'est un compromis dans lequel l'Allemagne a davantage pensé à certains de ses établissements régionaux qu'à un véritable avenir et c'est objectivement aussi surprenant que regrettable.

D'ailleurs, pour avancer – sans verser dans un pot de peinture noire intense – il faut laisser la parole à un éminent connaisseur de la pratique comptable bancaire qui écrivait : " Une activité notable du banquier est la prise ou réception d'engagements significatifs (opérations de hors-bilan) sans qu'il y ait transfert de fonds. Il peut en découler que ces engagements ne génèrent pas d'écritures comptables dans les systèmes généraux. La non-prise en compte de ces éléments peut être difficile à déceler. "
Jean-Luc Siruguet, " Le contrôle comptable bancaire ". (Revue Banque Edition : page 86). Ayant eu l'opportunité d'exercer un peu plus de dix ans les fonctions de commissaire aux comptes, je ne peux

que valider, par mémoire, la pertinence de cette approche. Tout commerçant, à commencer par votre épicier de nuit, doit tenir une comptabilité exhaustive et universelle. Il est avéré que le hors-bilan bancaire peut, de facto, s'exonérer de cette légitime obligation. Comment ne pas imaginer des tentations ? Comment ne pas garder en mémoire les avertissements de Claude Bébéar sur certaines pratiques bancaires et sur leur échelle de risques ? Affaire à suivre, donc. Pour le meilleur voire pour le pire.

3) Un peu de théorie grâce à Bernard Walliser :

Dans le numéro 19 de Statistiques et études financières réside un ensemble d'approches économiques qui ne peuvent que susciter le respect voire l'admiration. Ce numéro date de 1975 : il a donc l'âge d'un bon vin mais représente surtout une cuvée où l'intelligence le dispute à la rigueur intellectuelle. Définissant la démarche scientifique comme une " interrogation active du réel c'est à dire comme un aller-retour entre la théorie et les faits ", Bernard Walliser et Jacques Bravo traitent de la question des indicateurs qui sont évidemment une base du fondement analytique des stress tests. Les auteurs relèvent trois difficultés inhérentes à tout indicateur. Tout d'abord un " problème de construction relatif à la syntaxe de l'indicateur c'est à dire son expression formelle comme combinaison de grandeurs observables ". Puis, " un problème de signification qui fait référence à la sémantique de l'indicateur c'est à dire à la façon dont il traduit un concept ou un phénomène; cette traduction s'accompagne souvent d'un affaiblissement, d'une restriction ou d'une perte de dimension du concept qui a des connotations multiples ". Enfin, ils abordent une question-clef de la situation des banques en traitant du " problème de variation qui concerne la liaison entre un indicateur donné et d'autres indicateurs qui agissent sur lui ou sont agis par lui." Poursuivant leurs travaux, les deux auteurs nous conduisent à une interrogation relative à la structure même des indicateurs c'est à dire la question de la position d'un indicateur sur une échelle donnée. S'agit-il d'une " échelle amorphe " ? Autrement dit, d'un cas où il n'existe pas de base de comparaison entre les échelons : " ces derniers définissant simplement des classes ou catégories ". S'agit-il d'une " échelle repérable " au sein de laquelle les échelons sont hiérarchisés. Si l'échelle est quantitative, les valeurs numériques associées aux échelons respectent cet ordre. On retrouve là une des préoccupations de l'estimé Mory Doré qui dans plusieurs contributions sur le " Cercle Les Echos " a mis en avant le risque obligataire. S'agit-il enfin d'une " échelle mesurable " c'est à dire définie sur une échelle exclusivement quantifiée ? Autrement dit, une échelle qui permet de donner un sens à la somme et au produit par un scalaire sur les valeurs des échelons. Donc, de définir – point fondamental dans l'appréhension du risque bancaire – une unité de valeur d'échelon dont les différentes valeurs numériques sont des multiples. Pour mémoire, Walliser et Bravo rappellent que tout indicateur " est défini sur une certaine unité spatio-temporelle " d'où une question méthodologique qui vise la comparabilité des valeurs d'un indicateur calculées sur différentes unités spatiales à un instant donné ou entre différents instants sur une unité spatiale donnée.

4) Retour dans le chaudron bancaire :

La capacité à dissimuler des fraudes fiscales, la capacité à élaborer les manipulations ayant affecté le taux Libor, l'exhaustivité incertaine du hors-bilan, les zones de flou du marché interbancaire supposent que les supervisions publiques ou les tests de dépréciation d'ordre privé soient effectués selon des batteries d'indicateurs pertinents et adaptés. Walliser et Bravo ont défini en 1975 une série de sept qualités que doivent porter les indicateurs. Au plan opérationnel – et non plus par un détour théorique – nous souhaitions rappeler le contenu requis :

Un indicateur doit être " signifiant " c'est à dire refléter toute la signification d'un concept ou tous les aspects d'un phénomène et garder cette pertinence à travers le temps.

Un indicateur doit être " objectif ", c'est à dire qu'il doit permettre un calcul sans incertitude à partir des grandeurs observables qui " elles-mêmes doivent être déterminées indépendamment de l'observateur ".

Un indicateur doit être doté " d'univocité " c'est à dire varier de façon monotone par rapport au phénomène décrit " afin qu'une modification de l'indicateur puisse s'interpréter comme une modification concomitante du phénomène ".

Un indicateur doit être " sensible " et varier de manière significative afin " de suivre fidèlement le phénomène observé ".

Un indicateur doit être doté de " précision " donc défini avec une marge d'erreur acceptable.

Un indicateur doit être " fidèle " : il ne doit pas constituer un biais au regard des grandeurs et concepts qu'il a pour mission de traduire.

Un indicateur doit être doté " d'accessibilité ", c'est à dire " doit pouvoir être calculable assez rapidement et à un coût acceptable ".

Pour avoir eu accès, à titre professionnel, à des travaux préliminaires de stress tests, il nous revient de dire qu'il y a loin de l'optimum théorique à la réalité. Nous nous sommes clairement insurgés du propos récent, tenu dans l'enceinte du Sénat, de Monsieur Strauss-Kahn (" les superviseurs sont nuls ! ") car en fait tant les superviseurs publics que les contrôleurs légaux privés externes ne font qu'appliquer les textes qui encadrent leurs missions et recourir aux outils qu'ils sont en capacité de détenir et d'activer.

Dans le chaudron qu'est la réalité ultime de la comptabilité bancaire, se cachent et se meuvent des cicindèles qui nous éloignent de la notion formelle d'image fidèle. Oui, les tests existent et sont réalisés par des professionnels mais dans des conditions opérationnelles et méthodologiques que l'épistémologie conduit à censurer pour partie. D'autres d'exemples (songeons à cette question du Libor qui altèrent la fiabilité de milliers d'écritures comptables) nous montrent un visage stressant de l'industrie bancaire où la parole n'est pas aussi vertueuse que l'un des versants de la célèbre fable des abeilles de Mandeville. Pour éviter la polémique en reprenant des propos célèbres de dirigeants de banques désormais en délicatesse avec la Justice, il suffit de citer Flaubert et un extrait de Madame Bovary : " La parole humaine est comme un chaudron fêlé où nous battons des mélodies à faire danser les ours, quand on voudrait attendrir les étoiles ". Les banques ont un discours commercial et de communication financière qui est parfois violemment démenti par la découverte ultérieure de leurs pratiques in concreto ce qui pose sérieusement question à l'économiste voire aux citoyens.

5) De l'art d'être un banquier :

L'ancien Secrétaire général de l'O.N.U connu pour son courage, Dag Hammarskjöld (1905 – 1961) a émis dans " Jalons " le jugement suivant : " Nous ne choisissons pas la forme de notre destin mais nous pouvons lui donner son contenu. Celui qui recherche l'aventure la rencontrera – à la mesure de son courage. Celui qui cherche le sacrifice, sera sacrifié à la mesure de sa pureté ". De par le monde et particulièrement en Occident des mandataires sociaux de l'industrie bancaire ont nécessairement en tête le célèbre combat de l'homme " loup pour l'homme " issu notamment de Hobbes. Dès lors, ils récusent la moindre parcelle de vision sacrificielle de leurs rôles institutionnels ou personnels (niveaux relatifs des rémunérations). Ils s'engouffrent avec passion dans la notion d'aventure (qui est positivement inhérente au capitalisme) mais en omettant d'actualiser leur tableau de bord des risques. Ceci au détriment de deux principes posés par la jurisprudence. Tout d'abord, la " loyauté " du dirigeant et " son soin dans la conduite des affaires sociales " doivent être recherchés conformément aux préceptes énoncés par le très estimé Doyen Pierre Bézard (ancien président de la Chambre commerciale de la cour de Cassation). Puis, l'intérêt direct du bloc d'actionnaires majoritaires ne saurait primer au détriment de l'intérêt sociétal de la structure considérée. Ainsi " le juge des référés doit s'inspirer des intérêts sociaux par préférence aux intérêts personnels de certains associés ". (Arrêt Fruehauf , cour d'Appel de Paris, 22 mai 1965). De même la cour de Cassation avait établi dans un arrêt Etablissements Picard du 18 avril 1961 que l'abus de majorité est la " résolution prise contrairement à l'intérêt général de la société et dans l'unique dessein de favoriser les membres de la majorité au détriment des membres de la minorité ". Comment lire ces notions impérieuses et impératives à l'aune de la nationalisation-catastrophe de Bankia en Espagne ou de la situation lancinante de Dexia ou du cours de Bourse de Natixis ? Est-il si obscène ou inapproprié de rappeler un extrait de la page 313 du livre de Jean-Jacques Burgard (notamment ancien délégué général de l'Association française des banques) consacré aux actionnaires : " Même ceux qui ne regardent les actions que comme un placement, et ne cherchent pas à être véritablement associés à la marche et à l'avenir de celle-ci ont besoin d'informations. " Oui, il y a matière à respect des actionnaires là où parfois la Puissance publique les assimile un peu trop rapidement à l'ensemble des forces influentes du capital de tel ou tel établissement.

6) Fonction-score et indicateur Camels :

Au nom des heures de recherches que cette question a inspiré au think tank Archer 58 Research pour compte de tiers, il convient de rappeler l'existence d'une étude de 2002 financée et publiée par la Fondation Banque de France hautement présidée par le Gouverneur Christian Noyer. Son titre est explicite : " L'efficacité technique peut-elle contribuer à l'évaluation du risque d'insolvabilité ? " (Mai 2002, Gunther Capelle-Blancard et Thierry Chauveau). Son objet défini par les deux auteurs est d'offrir une " identification des banques en difficulté fondée sur la seule modélisation stochastique des postes du bilan " et de " tester, pour la première fois .../... les performances prédictives d'un indicateur avancé de faillite ". Sa relecture est porteuse d'enseignements puisque l'indicateur CAMELS proposé a été adopté fin 2011 par la Société Générale et se répand Outre-Atlantique.
Afin de ne pas alourdir la présente contribution, nous ne pouvons que suggérer cordialement au

lectorat de se reporter à cet indicateur CAMELS dont sont ici rapportées les seules initiales explicatives :

- (C) (*capital adequacy* : suffisamment de capitaux propres) ;
- (A) (*asset quality* : qualité des actifs) ;
- (M) (*management*) ;
- (E) (*earnings* : revenus) ;
- (L) (*liquidity* : liquidités) ;
- (S) (*sensitivity to market risk* : sensibilité aux risques du marché).

Un autre exercice – d'un genre plus inspiré - a été effectué par nos soins, il a consisté à appliquer à certaines banques le risque de probabilité de défaillances estimée à partir de la fonction-score de la Banque de France. (aisément définissable sur les sources du site de la Bdf). Les résultats sont, pour le moins, instructifs. Il ne convient pas d'être alarmistes mais symétriquement le temps de la crédulité est dépassé.

Pour notre part, nous maintenons par conséquent notre pleine revendication pour une supervision bancaire digne de ce nom effectuée à partir des équipes compétentes (et non " nulles " selon DSK) de la Banque Centrale Européenne. La supervision qui se dessine au fil des atermoiements et des négociations ressemble à une simple anatidaephobie. (Ndlr : terme inventé par Gary Larson qui désigne une peur fictionnelle selon laquelle un canard serait quelque part en train de vous observer). Au temps des aigles bancaires et de certains de leurs process, il est incontournable de muscler le dispositif public ce qui ne signifie pas, nécessairement, de réglementer davantage mais de sanctionner lorsqu'il y a eu manquements. Les transactions amiables sur l'histoire du Libor ne peuvent que choquer car elles n'auront aucune valeur d'exemplarité. Loin s'en faut. Il est surprenant – dans certains cas d'espèce européens - de voir la responsabilité individuelle des mandataires sociaux ainsi épargnée.

Dernier point, nos travaux ont établi que la notion " d'effet de bord " se rencontre lors de l'analyse du hors-bilan bancaire. Autrement dit, cela concerne le changement de consistance de certaines valeurs lorsqu'on tente de les approximer, de les obtenir par reconstruction analytique faute de pouvoir disposer du chiffre dans son exactitude et donc dans ce que nous nommons sa rectitude. (La crise et la rectitude des chiffres : objectif ou chimère ? http://lecercle.lesechos.fr/node/71498/)

7) Le profit légitime ou la compétition débridée :

Toute société commerciale doit rechercher à maximiser son profit pour assurer sa pérennité, le statut et la carrière de son personnel ainsi que la rémunération du capital investi par ses actionnaires. Le profit bancaire est donc légitime. Or, force de constater que la dernière décennie fourmille à l'excès de quêtes de profit qui heurtent l'éthique des affaires et que ne valideraient pas la personne de Michel Pébereau connue pour être soucieuse du respect des bonnes pratiques.

En fait, le profit bancaire a changé de nature (activités spéculatives, high frequency trading) mais surtout d'orientation stratégique. Pour être clair, nous faisons nôtre l'analyse opportunément rapportée par John Gillespie et David Zweig ("

Money for nothing : how the failure of corporate boards is running american business and costing us trillions ?, 2010) qui en tant qu'anciens banquiers d'affaires décortiquent les tenants et aboutissants de l'ancien président de Merril Lynch (Stanley O'Neal) : " Les dirigeants qui ont étroitement travaillé avec O'Neal disent qu'il était obsédé par l'idée de battre Goldman Sachs en matière de profitabilité et Lehman Brothers dans le business risqué de la titrisation et la vente d'actifs adossés à des titres hypothécaires ".

De fait, la recherche du profit s'est mué dans bien des établissements dans une volonté de " battre l'autre ", de " gagner sur le concurrent " d'où l'importance de la croissance externe et de la consolidation bancaire soulignée – notamment – par Olivier Berruyer.

A cette échelle, certaines banques sont " too big to be bailed out " : trop grosses pour pouvoir être sauvées, ce qui pose très clairement la question fondamentale de la sécurité des dépôts.

En cas de sinistre bancaire significatif, nul ne peut infirmer l'idée qu'une altération de la notion d'intégrité des dépôts n'aurait pas lieu.

C'est là que s'ouvre un nouveau monde et que la multi-bancarisation des agents économiques va se multiplier pour panacher les sources de risques.

Cette étude avait pour objectif d'établir les points de stress que génèrent les banques de ce début du XXIème siècle.

Pour conclure, laissons le mot de la fin à un banquier redouté du siècle dernier : Jean de Beaumont (Banque Rivaud) qui a écrit en conclusion de son livre : " Au hasard de la chance " " Chacun d'entre nous, dans ce vaste concert des mondes, en fonction du peu de temps qui lui est imparti, n'a guère plus d'importance qu'une fourmi dans l'évolution de l'infini. ".

En matière bancaire, la théorie du cygne noir énoncée par Nassim Nicholas Taleb démontre bien que des évènements à faible probabilité de survenance peuvent revêtir une dimension catastrophique. Ainsi, si les fourmis rouges géantes que sont certains établissements bancaires carnivores croisent le cygne noir, " l'évolution de l'infini " chère à Jean de Beaumont n'aura pas fière allure pour des décennies.

La vulnérabilité éventuelle des banques n'est donc pas une mince affaire : elle doit être traitée avec précautions et même prévenance tant les enjeux sont d'importance. Or, il est probable que sur l'échantillon d'établissements soumis à " une revue de la qualité des actifs " (AQR), tant l'ABE (Autorité bancaire européenne) que la BCE risquent de hisser un pavillon rouge sinon orange ce qui démontrera leurs rectitudes, leurs efficacités de contrôleurs de dernier ressort mais induit le risque réel et tangible d'envoi aux marchés de signaux négatifs à fondement auto-réalisateur.

De mauvais bruits ont ainsi circulé concernant une banque italienne mais aussi une importante banque allemande. Selon une dépêche Reuters (Rome/Francfort, 25 Septembre) : " L'Autorité européenne des marchés financiers (Esma) a demandé aux banques de la zone euro de traquer toute rumeur sur les résultats des tests de résistance que la Banque centrale européenne (BCE) leur fait subir, a-t-on appris de sources au fait du dossier "

Le 26 octobre, nous avons eu la liste des banques dont l'exposition aux risques est potentiellement excessive et obère leurs facultés de résistance aux chocs exogènes, qu'ils soient économiques ou financiers.

Nous avons déjà eu l'occasion d'exprimer notre pleine approbation quant au système de supervision bancaire
qui est un outil de type premium pour qui veut être assuré de la qualité du bilan d'un établissement financier. Tel est bien le prix à payer face à la défiance consistante et persistante de certains investisseurs depuis 2008. Défiance qui rejaillit sur nos vies du quotidien car une banque plongée dans le nombrilisme légitime de l'assainissement de la qualité de ses créances n'est pas un acteur promouvant pour le financement de l'économie réelle d'où les foyers repérés de "credit-crunch" dénoncés ici et là, y compris par une autorité telle que le gouverneur Christian Noyer. " Nous avons fait beaucoup de réformes mais le crédit, en tout cas le crédit bancaire n'est pas au rendez-vous (...) Mais le crédit bancaire reste atone. " (C. Noyer : Aix-en-Provence, le 5 juillet 2014).

Formons donc le vœu que la transparence améliorée qui viendra du 26 octobre permette d'enclencher une spirale vertueuse vers la confiance et non l'application de la théorie du cygne noir du fait de banques au comportement contestable. Ceci a existé et l'Espagne de l'affaire Bankia aussi.
(http://www.lesechos.fr/journal20141006/lec2

A ce sujet, il est parfois commis une commodité de langage : on parle de risques " assez provisionnés " ce qui n'est plus le cadre que les normes IFRS imposent. Il convient en effet de se référer à la notion de pratiques de dépréciation. En France, l'article 322-5-1 du PCG (Plan comptable général) définit les conditions de constatation des dépréciations. Clairement, il doit y avoir engagement d'un test de dépréciation quand des indications de perte de valeur se font jour.

Mais nous sommes ici au nœud gordien de la question. La combinaison des articles 322-5-3 du PCG et R 123-178-5° du Code de commerce impose de constater une dépréciation si la valeur actuelle (le plus haut des valeurs vénale et d'usage) est " notablement inférieure " à la valeur nette comptable. Or ce vocable n'a pas, à ce jour, donné lieu à un encadrement règlementaire. Oui, il y a donc marge d'interprétation possible et marge conséquente pour un éventuel jongleur par opposition à un établissement rigoureux.

15 jours après le 26 octobre, d'aucuns auront une pensée émue pour le premier anniversaire du départ de l'estimé grand auditeur français que fût Edouard Salustro. De mes travaux avec lui (qui accepta de préfacer mon premier livre public de libres contributions économiques), je retiens que nous étions à l'unisson sur le

caractère non vertueux de cette souplesse rédactionnelle. " Notablement " n'est guère précis et il faut de surcroît le remettre dans le contexte moderne de la dématérialisation de la tenue des comptes qui peut porter atteinte à la sécurité des procédures. (Comptabilité et Droit comptable, Edouard Salustro et François-Denis Poitrinal, page 689).

De surcroît, les praticiens de l'audit bancaire savent bien que le bilan n'est qu'une partie de l'exposition aux risques. La question de la supervision et de sa puissance investigatrice se jugera, au long cours, sur ses capacités à éclaircir le hors-bilan des banques dont un expert a écrit en termes aussi précis qu'incontestables.

"Une activité notable du banquier est la prise ou réception d'engagements significatifs (opérations de hors-bilan) sans qu'il y ait transfert de fonds. Il peut en découler que ces engagements ne génèrent pas d'écritures comptables dans les systèmes généraux. La non-prise en compte de ces éléments peut être difficile à déceler", Jean-Luc Siruguet, in "Le contrôle comptable bancaire" (Revue Banque Édition : page 86). Oui, répétons cette citation qui – venant d'un professioonnel estimé – se suffit à elle-même pour qui songe à l'échelle des tentations qui peut parcourir les entrailles du monde bancaire.

Avec ce genre d'épée de Damoclès, cela nuance la portée des exigences de ratio de fonds propres dits durs (CET1). Or, les tests de résistance sont principalement des revues d'actifs (y compris sur l'ensemble des détentions de dettes souveraines ?), des examens de conformité aux dispositifs règlementaires (Bâle II puis Bâle III) et des analyses d'impact de chocs exogènes.

S'agissant des chocs exogènes, il convient de rappeler, en ces temps hélas heurtés de géopolitique, que les tests micro-prudentiels enregistrent les risques d'atteinte à l'intégrité de la banque (cyber-attaques, intrusion terroriste) et la pertinence des PRA (plan de reprise d'activité) qui sont un coût croissant.

A ce stade, deux points d'importance sont livrés à la sagacité du lecteur.

D'une part, beaucoup a été écrit sur le risque systémique mais rien ne permet de l'appréhender avec un vrai niveau de précision. D'abord, parce que la propagation est une notion complexe en économie ouverte et interdépendante. Puis, parce que selon mes travaux, le risque systémique est consanguin de l'effet de bord. (précité) " Il s'agit de la modification d'une propriété lors de l'approche (au propre ou au figuré) d'une valeur. Bien souvent, l'étude des phénomènes se fait en négligeant l'effet de bord ". (citation Wikipédia). D'autre part – et c'est un point capital – les conclusions des stress tests vont nécessairement faire évoluer les modèles économétriques de la BCE voire des autres banques centrales. En clair, la cartographie du 26 octobre sera un élément de reparamètrage des DSGE : dynamic stochastic general equilibrium models.

Convenez que c'est une affaire d'importance en ces temps d'atonie du crédit, de " panne d'activité " (Ministre Sapin) et de menaces déflationnistes persistantes.

XVIII

Assurances-vie en déshérence : lenteurs et vigilance

La question délicate et parfois douloureuse des contrats d'assurance-vie dits en déshérence concerne des montants qui se décomptent en milliards d'euros. Dès lors, il y a un volume d'enjeux très significatifs auquel une récente loi vient de tenter d'apporter une réponse idoine. De même pour les comptes bancaires inactifs.

1) La loi du 13 juin 2014 : une élaboration laborieuse et de forts montants

Votée il y a exactement deux mois, la loi n°2014-617 du 13 juin 2014 (promulguée le 15 juin dernier) est relative " aux comptes bancaires inactifs et aux contrats d'assurance-vie en déshérence ". Ce libellé suffit à montrer son ambition et à confirmer l'adage énoncé par Montesquieu (in Mes pensées) : " Une chose n'est pas juste parce qu'elle est loi. Mais elle doit être loi parce qu'elle est juste ".

Il y a en effet une évidente question de justice et de morale des affaires derrière ces sujets de comptes inactifs ou de contrats assurantiels en déshérence. Il n'est pas superflu de rappeler que diverses associations et personnalités qualifiées réclamaient un texte depuis près d'une décennie. La France a fait honneur au concept de lenteurs diverses et cumulatives davantage qu'au primat du droit des personnes privées.

L'élaboration parlementaire a été laborieuse : en tout premier lieu, il y a eu dépôt d'une proposition de loi en date du 13 novembre 2013 à l'initiative du député Christian Eckert (actuel Secrétaire d'Etat au budget). Cette proposition prévoyait des réformes dont l'entrée en vigueur devait se situer à la date du 1er janvier 2015. Mais – pour des motifs a priori uniquement techniques (?) – l'entrée en vigueur a été repoussée au 1er janvier 2016 du fait d'une modification de l'article 43 de la loi n°2014-344 du 17 mars 2014 relative à la consommation.

S'agissant des montants visés, les chiffrages divergent. Entre les professionnels d'une part et les autorités étatiques. Ainsi, la Cour des comptes évalue à 2,76 milliards d'euros les contrats d'assurance-vie et de capitalisation non réclamés tandis que l'ACPR (Autorité de contrôle prudentiel et de résolution) se fonde sur le chiffre de 4,6 milliards d'euros. Le chiffrage des avoirs bancaires non mouvementés depuis un fort laps de temps est incertain.

2) Un principe simple mais des applications à mettre sous vigilance :

Très schématiquement, la loi de juin 2014 inverse le cours des choses : là où les ayants droits devaient établir leurs droits, il s'agit désormais d'imposer aux assureurs l'obligation de rechercher avec diligence les bénéficiaires des contrats d'assurance-vie.

A cet effet, la loi a levé toute ambiguïté sur la notion de compte inactif (pour la question bancaire).

Le Code monétaire et financier a été modifié en son article L. 312-19 et impose que les établissements de crédit " recensent chaque année les comptes inactifs ouverts dans leurs livres".

« Un compte est considéré comme inactif :« 1° Soit à l'issue d'une période de douze mois au cours de laquelle les deux conditions suivantes sont remplies :« a) Le compte n'a fait l'objet d'aucune opération, hors inscription d'intérêts et débit par l'établissement tenant le compte de frais et commissions de toutes natures ou versement de produits ou remboursement de titres de capital ou de créance ;« b) Le titulaire du compte, son représentant légal ou la personne habilitée par lui ne s'est pas manifesté, sous quelque forme que ce soit, auprès de cet établissement ni n'a effectué aucune opération sur un autre compte ouvert à son nom dans les livres de l'établissement.« La période de douze mois est portée à cinq ans pour les comptes sur lesquels sont inscrits des titres financiers, les comptes sur livret, les comptes à terme et les comptes sur lesquels sont inscrits des avoirs et dépôts au titre des produits d'épargne. " .../...

2° Soit, si son titulaire est décédé, à l'issue d'une période de douze mois suivant le décès au cours de laquelle aucun de ses ayants droit n'a informé l'établissement tenant le compte de sa volonté de faire valoir ses droits sur les avoirs et dépôts qui y sont inscrits." Etc.

3) Intervention de la Caisse des dépôts et consignations puis de l'Etat :

Les dépôts et avoirs inscrits sur les comptes inactifs mentionnés à l'article L. 312-19 sont déposés à la Caisse des dépôts et consignations :« 1° Pour les comptes inactifs mentionnés au 1° du I du même article L. 312-19, à l'issue d'un délai de dix ans à compter de la date de la dernière opération

« 2° Pour les comptes inactifs mentionnés au 2° du I du même article L. 312-19, à l'issue d'un délai de trois ans après la date du décès du titulaire du compte.

« III. – Par dérogation au premier alinéa de l'article L. 518-24, les sommes déposées à la Caisse des dépôts et consignations en application du I du présent article et qui n'ont pas été réclamées par leurs titulaires ou par leurs ayants droit sont acquises à l'Etat à l'issue d'un délai :« 1° De vingt ans à compter de la date de leur dépôt à la Caisse des dépôts et consignations en application du 1° du même I ;« 2° De vingt-sept ans à compter de la date de leur dépôt à la Caisse des dépôts et consignations en application du 2° dudit I.« Jusqu'à l'expiration de ces délais, les sommes déposées à la Caisse des dépôts et consignations sont détenues par celle-ci pour le compte des titulaires ou de leurs ayants droit.

4) En guise de synthèse provisoire :

La loi du 13 juin 2014 est incontestablement un mieux pour les personnes privées concernées par les comptes bancaires inactifs et par les contrats d'assurance-vie et de capitalisation en déshérence. D'autant qu'elle couvre aussi les entités relevant du

Code de la mutualité (voir article L. 223-10-2-1 et suivants).

En imposant aux investisseurs institutionnels collecteurs d'épargne une consultation obligatoire du FICOBA (Fichier national des comptes bancaires et assimilés installé en 1971) et du futur FICOVIE (Fichier national des contrats d'assurance-vie), la loi introduit un obligation de moyen qui devrait aboutir à des résultats tangibles et éviter de voir des familles lésées.

On peut toutefois regretter que le FICOVIE ne concerne que les contrats d'une valeur supérieure à 7500 euros ce qui n'est pas – convenons-en – totalement protecteur. Prenons le cas assez courant d'un couple ayant décidé d'ouvrir plusieurs comptes d'assurance-vie dont chacun a un de leurs enfants pour bénéficiaire unique.

De plus, il est raisonnable de regretter qu'aucune publicité ne soit faite auprès du grand-public quant à l'existence du FNDV (Fichier national des dernières volontés) qui a pour fonction d'enregistrer – notamment – une clause bénéficiaire d'un contrat d'assurance-vie dans un testament.

Les notaires ont bien entendu obligation de consulter le FNDV lors de l'ouverture d'une succession : ils auront désormais obligation de s'enquérir de l'existence de tous types de comptes bancaires via l'accès au FICOBA.

Dans le vaste débat qui s'annonce sur les professions réglementées, l'officier ministériel qu'est le notaire se voit conforter dans son rôle de défenseur des intérêts pécuniaires des familles y compris lorsque ce sont des institutionnels qui ont des pratiques qui invitent à la vigilance.

Reste la question plus grise des contrats d'assurance-vie souscrits à l'étranger. En effet, dans ce cas d'espèce, c'est au souscripteur qu'il reviendra de les déclarer afin d'irriguer le fichier FICOVIE. Ceci lors de sa déclaration de revenus....

" Il est bon quelquefois que les lois ne paraissent pas aller si directement au but qu'elles se proposent ". Montesquieu (De l'esprit des lois).

En traitant d'économie

XIX

L'énigme de la formation des prix

La formation des prix est et demeure un des sujets les plus sensibles pour l'économiste mais aussi pour le citoyen qui vit au jour le jour les conséquences des prix et a parfois à se plaindre de la vie chère.

L'Euro a été un succès technique et un pas important vers l'émergence tangible de la construction européenne. Mais comment ne pas reconnaître que cette avancée présente néanmoins un passif avéré : celui de la dérive des prix. Tout le monde peut faire sa propre expérience du glissement à la hausse des prix désormais libellés en euros. Cela, par-delà les statistiques officielles qui minorent – très vraisemblablement – la hausse des prix par incorporation de produits importés de type low-cost dans le panier de référence.

A ce stade, il convient de rappeler qu'il y a autant de produits que de chiffres. Une hausse tendancielle générale ne se superpose pas au concept de hausse uniforme et monocolore. Nous sommes donc face au phénomène bien connu de " prix relatifs ", donc des prix comparés d'un produit – voire d'une gamme – et d'un autre. Il y a transmission sectorielle différenciée des tensions inflationnistes comme l'ont montré les travaux de Serge-Christopher Kölm.

Selon l'école française de la Régulation notamment représentée par les éminents Jacques Mistral et Robert Boyer, la formation des prix aurait pour pierre angulaire la notion de " mark-up " c'est-à-dire que l'entrepreneur calculerait d'abord son prix de revient puis lui appliquerait un coefficient de marge correspondant à son profit " escompté ". Ceci selon la forme institutionnelle du marché considéré donc des forces concurrentielles anti mark-up excessif.

Dans cette vision, la formation des prix est un acte unilatéral qui relève de l'appréciation de l'entreprise et non directement de la confrontation entre l'offre et la demande selon les canons de l'économie néo-classique. De plus, cette confrontation est marquée par le principe du cobweb (Marc Nerlove, « Adaptive Expectations and Cobweb Phenomena », Quartely Journal of Economics, 1958, pp. 227-40). Ce modèle de la toile d'araignée explicite comment les fluctuations des prix peuvent atteindre un produit qui, estimé rentable, est alors fabriqué en grandes quantités mais trouve, in fine, ses débouchés sous un canevas de prix plus faibles qu'escomptés. L'exemple automobile est instructif à cet égard. Entre le prix présupposé et le temps d'industrialisation, le véhicule peut être face à un marché aux prix relatifs baissiers. D'où l'importance de la notion de " time-to-market" pour qui est opérationnel en matière de formation des prix.

Notons ici que Milton Friedman, le libéral, a maintes fois expliqué que les prix ont pour fonction d'orienter les producteurs vers les produits aux prix proportionnellement élevés.

Pour notre part, nous souhaitons introduire un apport : la formation des prix s'explique souvent par des mécanismes de renvoi d'ascenseur. Autrement dit, par des process de négociations aux contours complexes et unissant parfois le monétaire au non-monétaire (les gestes commerciaux divers exigés par la grande distribution, par exemple). Oui, selon nos travaux, la formation des prix est indissociable du phénomène connu en politique de " logrolling ".

Ce phénomène de logrolling est d'ailleurs renforcé par les prix de transaction qui ont cours au sein des échanges de l'économie informelle. En ces temps de crise, une économie informelle se développe car elle permet aux plus démunis de survivre et aux plus hasardeux de filouter et de prospérer, loin des autocars chers à un ministre.

En termes de formation des prix, la mondialisation oblige l'économiste à une réflexion nettement plus complexe qu'il n'y parait du fait notamment de l'importance prise par les prix de transfert : par les prix auxquels sont facturés les biens et services entre les diverses filiales étrangères d'une firme transnationale. Casse-tête pour l'Administration fiscale, ces prix de transfert sont une énigme analytique du fait du peu de statistiques fiabilisées en la matière.

D'autant qu'ils s'ajoutent à un phénomène-clef de la formation des prix, c'est-à-dire la circulation des biens et services et la longueur du circuit allant du producteur au consommateur final. Donc, là encore, cette multiplicité d'intermédiaires n'ont pas tous la même méthode de fixation de " leurs " prix ce qui rend le total opaque mais surtout quasi-indéchiffrable. Il faut alors recourir au modèle de " sticky information " car " les entreprises ne sont pas en permanence parfaitement informées de l'évolution de leur environnement et des conséquences à en tirer pour leurs prix " (§ C : " La modélisation microéconomique des comportements de fixation des prix " de Patrick Sevestre, Banque de France et Université de la Sorbonne : Paris 1, colloque de la SFER, 6 novembre 2009).

Un point est acquis et peut être partagé par le lectorat : la fixation des prix comporte des zones d'ombre et ne peut faire l'objet d'une approche relevant de l'holisme car la capillarité des situations s'impose à l'observateur et à l'économiste. La " courbe d'indifférence " définie par Edgeworth vient s'agglutiner à la complexité du " bargaining power " des acteurs en présence ce qui rend le décryptage encore plus complexe.

A ce stade, je souhaite indiquer mon vif intérêt pour les travaux d'un économiste hélas devenu par trop confidentiel : Piero Sraffa qui a réfléchi – le mot est faible pour ce brillant théoricien – sur l'inflation et sur les rendements décroissants. C'est notamment lui qui a écrit sur l'inélasticité aux prix qui est souvent décelable dans certains échanges contemporains, près de 90 ans après ses travaux. A cet égard, ses " Ecrits d'économie politique " (Economica, 1975) sont une mine de réflexion même si des divergences apparaissent.

" Les cas de croissance de la productivité, sous l'effet d'une variation des dimensions de la firme, ne peuvent trouver place dans la théorie de la détermination du prix en régime de concurrence, car il est clair que si une firme peut diminuer ses coûts sans limites en accroissant sa production, elle continuera à réduire le prix de vente jusqu'à la conquête totale du marché. " (p.27 cité supra). En fait, cette affirmation est exacte mais pour une part. Il existe en effet des firmes qui bénéficient de l'effet Veblen et imposent leurs prix élevés aux consommateurs. (Apple et l'iPhone 6).

En synthèse, l'économiste du XXIème siècle doit continuer de réfléchir à cette question énigmatique de la formation des prix. A ceux qui, un peu hâtivement, prennent le micro sur ce sujet dense, on a envie de murmurer à l'oreille la très fameuse interpellation du roi Juan Carlos à feu Hugo Chavez : " Porqué no te callàs ! ".

XX

Investissements : les surprises de l'analyse

L'investissement est un des moteurs de la croissance. D'autant plus en période de faible demande et de pouvoir d'achat contraint. Or, une analyse de l'investissement en France rapporte plusieurs surprises au regard des idées alors qualifiables de reçues.

1) La segmentation usuelle de l'investissement est un faux ami analytique :

" On distinguait traditionnellement trois types d'investissements définis en fonction de leurs motivations : l'augmentation des capacités de production, le remplacement de matériel obsolète, et l'amélioration de la productivité. Dans la réalité, il est cependant bien difficile de faire la part entre ces diverses motivations. Comme il est rare qu'une entreprise achète des machines dépassées, tous les investissements de remplacement, ou de capacité, ont aussi un impact sur la productivité du travail. " (Rapport du Sénateur Joseph Kergueris relatif aux " déterminants de l'investissement ", 29 octobre 2002).

Autrement dit, la taxinomie qui guide actuellement la statistique se fait quelque peu engloutir par le principe de réalité.

De surcroît, il est fréquent de se référer à la notion de FBCF en omettant sa définition exacte fournie et utilisée par l'Insee : " La formation brute de capital fixe est constituée par les acquisitions moins cessions d'actifs fixes réalisées par les producteurs résidents. " Ainsi, il convient de comprendre la FBCF comme un solde puisqu'il y a soustraction des actifs soumis à cession. Ceci peut introduire des biais de compréhension et d'interprétation pour l'analyste notamment du fait du large spectre opérationnel que recouvre la notion de VNC : valeur nette comptable des cessions.

Pour l'heure, avec prudence (oui, avec prudence), l'analyste est contraint de reprendre les énoncés de l'Insee (" Enquête sur les investissements dans l'industrie, avril 2014 ") : " La part des investissements destinés au renouvellement des équipements est égal à 28%. Les industriels mobiliseraient une plus grande part de leur investissement pour des projets liés à la sécurité, l'environnement ou les conditions de travail (21%). De plus, la part des investissements consacrés à la modernisation ou à la rationalisation augmenterait (24%), alors que celle destinée à l'extension de la capacité productive passerait sous sa moyenne de long terme (15%). La part de l'investissement consacrée à l'introduction de nouveaux produits resterait en-deçà de sa moyenne de longue période. "

2) Le niveau de l'investissement s'est davantage maintenu qu'on ne le pense a priori :

Selon les " indicateurs conjoncturels " de la Banque de France (25 juillet 2014), la FBCF a reculé de 0,8% en 2013 tandis que la prévision du gouvernement s'inscrit à 0,2% pour 2014 en contraste soutenu avec le chiffre avancé par l'OCDE : 1,0%.

En fait, à examiner l'investissement en France via le " taux d'investissement " (investissement rapporté à la valeur ajoutée), il apparaît une conclusion claire et intéressante. Depuis 1997, le taux précité enregistre une tendance croissante depuis la fin des années 90. " Au troisième trimestre 2013, alors que la France est vraisemblablement proche du point bas du cycle, le taux d'investissement des entreprises non financières (ENF) atteint 17,6% soit un niveau supérieur à sa moyenne d'avant-crise." (Etude Insee de JF Eudeline, Y Gorin, G Sklénard, A Zakhartchouk de décembre 2013 : " En France, l'investissement des entreprises repartira-t-il en 2014 ? "). Les auteurs retiennent une baisse de l'investissement de -1,9% en 2012 et -1,8% en 2013.

Si d'un côté, l'investissement ne s'est donc pas effondré comme le pensent d'aucuns, il ne faut évidemment pas nier que ses déterminants sont frontalement attaqués par la période présente. Ce que Keynes a appelé la " propension à investir " suppose que les entrepreneurs puissent tabler sur des profits en retour, sur une anticipation appropriée et documentée de leurs futurs carnets de commandes, sur de bonnes conditions de financement (de l'investissement), et enfin sur des accompagnements fiscaux efficaces du type crédit impôt-recherche ou Cice (et sa complexité).

La stagnation de la croissance française au deuxième trimestre et les reculs allemand et italien sont de nature à geler certains budgets d'équipement. D'abord au regard de la demande anticipée mais aussi au regard d'un phénomène presque mécanique qui est rarement cité ou mis en avant à savoir la quasi-irréversibilité d'un plan d'investissement.

Quand celui-ci est mis en œuvre, la marche arrière est le plus souvent introuvable même s'il s'avère que le taux de rentabilité interne (TRI) est significativement affecté.

3) Le curieux découplage entre le taux d'utilisation des capacités et l'investissement :

L'analyse rapporte que le TUC (taux d'utilisation des capacités) n'est pas pleinement relié à l'investissement. De manière intuitivement surprenante, nombre d'études rapportent qu'il y a même un découplage entre le niveau des TUC et la vigueur de l'investissement.

" Les taux d'utilisation sont nettement inférieurs à leur moyenne de long terme. Sur les épisodes passés, il n'a toutefois pas fallu attendre que les TUC retrouvent leur niveau de longue période pour constater une reprise de l'investissement. " (Crédit Agricole, Etudes économiques n°35 de Février 2013 réalisée par Axelle Lacan et Robin Mourier).

" Pourtant, malgré cette sous-utilisation des capacités de production existantes, l'investissement des entreprises non financières est reparti dès le deuxième trimestre 2010 ". (Source Direction du Trésor, lettre n°90 de juillet 2011 ". Matthieu Forestier).

D'autres études convergent quant à ce découplage qui surprend mais s'explique peut-être par le niveau d'obsolescence de certaines capacités de production dont l'entrepreneur aurait conscience au regard de ses exigences et besoins de compétitivité.

4) La baisse tendancielle du coût du crédit contrecarrée par le resserrement de celui-ci :

De nombreuses études conjoncturelles ont conclu de manière convergente. La baisse des conditions de financement des investissements a facilité la réalisation de ceux-ci. Dans l'étude Insee des quatre auteurs précités de décembre 2013, on relève le propos suivant : " Le taux d'investissement des entreprises croît légèrement depuis la fin des années quatre-vingt dix. ../... Cette tendance à la hausse, qui est encore plus marquée en volume compte-tenu de la baisse tendancielle du prix relatif de l'investissement, peut être rapprochée de la forte baisse du coût de financement des entreprises depuis le début des années 90. " Plus loin : " La dégradation du taux de marge des entreprises depuis 2007 aurait été compensée par la poursuite de la baisse du coût de financement. "

" La décorrélation actuelle entre le taux de marge des entreprises, très faible (28,3%) et le taux d'investissement qui résiste étonnamment bien est frappante ". (Etude Crédit Agricole précitée).

A côté de cette décorrélation qui est une forme de surprise, il convient de noter que la France traverse – telle est notre conviction – une phase de resserrement du crédit, donc de " credit crunch " (voir supra, chapitre XIII).

A ce stade, il convient de relire les propos du Gouverneur de la Banque de France : " Premier paradoxe : nous avons fait beaucoup de réformes mais le crédit, en tout cas le crédit bancaire, n'est pas au rendez-vous. .../... Mais le crédit bancaire reste atone. " (Christian Noyer, 5 juillet 2014 : " La spéculation ennemie de la finance ").

Par ailleurs, il ne faut pas omettre une variable non disponible : le coût unitaire de chaque projet d'investissement. Tendanciellement orienté à la hausse ?

5) Le taux d'investissement sur-réagit par rapport à l'activité économique globale :

La note de conjoncture de juin 2014 de l'Insee avait pour titre : " La croissance revient mais ne décolle pas ". Du fait des derniers chiffres connus, chacun pressent que les pays de l'Union – et singulièrement la France – vont être soumis à un trou d'air loin du décollage prévu. Ce qui est préoccupant, c'est que le deuxième semestre 2014 risque d'être porteur de tant de dégradations (chômage, rentabilité des firmes, défaillances d'entreprises, etc) qu'il va obérer le contexte de 2015.

Selon notre approche, la décorrélation exposée au §4 pourrait atteindre ses limites tandis qu'il est établi que le taux d'investissement sur-réagit au regard de la conjoncture immédiate ou projetée.

" Un fait important se dégage : l'investissement des sociétés non financières sur-réagit (à la hausse mais également à la baisse) à l'évolution de l'activité conformément au principe de l'accélérateur. Plus précisément, l'élasticité de l'investissement à la croissance est différente de l'unité et, depuis 2004, supérieure à 1." (AFEP : Flash éco du 31 octobre 2013).

6) Les investissements directs à l'étranger et immatériels sont un prisme déformant :

Selon nos recherches, tous les investissements immatériels – malgré la réforme de 1999 – ne rentrent pas dans les statistiques Insee ce qui incite à la prudence.

Par ailleurs, il est – selon nous – difficile de bien mesurer l'effort d'investissement des grands groupes français. Dans le cas – illustratif – de Sanofi qui réalise plus de 92% de son chiffre d'affaires hors de France, comment se trouve comptabilisé (en données Insee) un investissement réalisé au Brésil via un apport en compte-courant de la holding vers une de ses filiales ?

On revient à la notion proposé par l'Insee de producteur résident ce qui ne couvre pas l'intégralité de la pratique d'investissement des grands groupes voire de certaines ETI.

7) Le caractère atypique du secteur de la construction et la morne conjoncture présente :

Dans une étude d'avril 1999 de la Banque de France (" L'investissement en France depuis le début des années 1980 ", Delphine Irac et Pascal Jacquinot), les auteurs apportent un éclairage important : " Alors que jusqu'en 1990, l'investissement en bâtiment semblait suivre l'investissement en matériel dans une logique de complémentarité, les deux investissements connaissent actuellement des évolutions opposées. "

Depuis lors, la divergence s'est maintenue et l'actuel marasme qui rôde autour de la filière construction confirme cette spécificité. D'évidence, la prudence des ménages (primo-accédants ou déjà détenteurs d'un bien immobilier) affecte directement les perspectives d'activité du secteur et entraîne des " budget-freeze".

8) L'effet d'aubaine de la croissance externe, un paramètre sous-estimé :

Dans les analyses de l'investissement, il est généralement mesuré des achats de biens et il est donc écarté du champ statistique la croissance externe qui permet à une entreprise de devenir détentrice d'un ensemble additionnel de matériels et autres.

Face à la perte de valorisation que subissent certaines firmes, il y a un effet d'aubaine qui peut se substituer à une politique classique d'investissement.

Conclusion :

La question de l'investissement n'appelle pas des réponses univoques. Dans certains cas un investissement de productivité sera effectué au détriment d'un investissement visant à fournir de nouveaux produits : la marge avant la modernité ?

De plus, la statistique est une discipline ici délicate : " En pratique, il faut relativiser l'importance du taux d'utilisation des capacités dans l'industrie car ce secteur a un poids modéré dans les investissements totaux : 20% contre 60% pour les services marchands " (Etude du Trésor précitée).

L'Insee avance le concept d'investissement " suiveur " réglé sur le rythme de la reprise ce qui n'est pas l'approche de l'AFEP. C'est incontestablement une question ouverte pour les mois à venir.

XXI

Innovations et perspectives de réindustrialisation

L'Union européenne, particulièrement dans sa partie occidentale, est atteinte par des vagues de délocalisation qui réduisent d'autant son potentiel industriel. Face aux flux d'innovations imposants qui s'annoncent, peut-on craindre un déclin industriel plus marqué ou une perspective de rebond ?

1) L'étiologie de la désindustrialisation

" L'analyse des différentes étapes de la désindustrialisation en France depuis le début des années 80 met en évidence que certaines dynamiques défavorables enregistrées depuis 2008 étaient en fait déjà à l'œuvre ". (Etude Insee de décembre 2012 : " L'industrie manufacturière en France depuis 2008 : quelles ruptures ? ", auteurs : Eudeline, Sklénard, Zakhartchouk). Ainsi, les auteurs relèvent comme facteurs explicatifs : baisse des taux de marge, baisse du poids relatif des effectifs industriels, difficultés d'effet de gamme (diagnostic convergent avec le rapport Gallois de 2012), appréciation de l'euro et tenue des exportations (décélération du solde extérieur), " rupture structurelle de la PGF : productivité globale des facteurs ".

Pour mémoire, " la productivité globale des facteurs est essentiellement déterminée par les processus d'innovation technologique et organisationnelle qui tendent à optimiser le système productif, mais traduit aussi pour partie l'amélioration du niveau de qualification de la main d'œuvre et de la qualité du capital installée ".

Ceci confirme une réflexion intuitive : moins le produit contient d'innovation, plus il est intéressant de le faire fabriquer dans des pays à bas coûts. D'où l'ampleur de certaines délocalisations que certains secteurs français ont du subir à l'instar de la production automobile.

2) Les modifications de la fonction de production

La fonction de production réunit le capital et le travail ainsi que le facteur résiduel exploré par Carré, Dubois et Malinvaud. Ce dernier élément regroupe les externalités positives mais aussi la qualité organisationnelle. Voir sur ce sujet la démonstration de François Dalle (ancien dirigeant de L'Oréal) et Jean Bounine dans leur rapport intitulé " Pour développer l'emploi " (1987) : " Une entreprise ne se limite pas à la simple juxtaposition de capital et travail. Une entreprise, c'est du capital, du travail et une organisation, composante essentielle du facteur résiduel des économistes ". (p. 68).

Ainsi, l'activité industrielle est à un triple tournant :

- D'une part, elle doit incorporer plus d'innovations technologiques pour réaliser une percée ("break-through") concurrentielle;

- D'autre part, elle doit sans cesse réinventer des formes organisationnelles qui combinent efficacité productive et épanouissement des salariés;

- Enfin, elle doit avoir à portée de main deux leviers du succès de demain : la veille stratégique et l'intelligence économique.

S'agissant de la fonction de production, cela tend à renforcer le capital immatériel (brevets, know-how) et le poids de la R&D tout en aboutissant à un coût raisonnable du capital par maîtrise de l'endettement externe et politique de renforcement des fonds propres.

Objectivement, la partie travail de la fonction de production est dans une certaine ambivalence. Soit, l'intensité capitalistique permet de réduire assez drastiquement le volume de salariés requis pour assurer la production. Soit, le nombre de salariés reste significatif mais alors se pose la question de savoir si l'entreprise est du type "éleveur" ou "chasseur". L'éleveur recouvre les firmes qui ont une véritable gestion prévisionnelle des carrières et qui misent sur le facteur travail au moyen d'investissements destinés à accroître la qualification. Les firmes de type " chasseur " se contentent de recrutements ciblés et finement opportunistes de travailleurs qualifiables de " prêts à l'emploi ". Dans ce dernier cas, il est clair que le travail est davantage appréhendé comme un coût là où l'éleveur mise sur l'existence potentielle d'une créativité du salarié qui peut nourrir (et assimiler) des process innovants.

De grands groupes comme Saint-Gobain, Nestlé ou L'Oréal sont réputés pour leurs stratégies d'accompagnement actif de leur facteur travail respectif.

Si l'incorporation de technologies de plus en plus pointues modifie les grands paramètres qui gouvernent la fonction de production, il faut garder à l'esprit l'héritage de Schumpeter qui plaçait – déjà – ce phénomène sous le signe de la dynamique voire d'un état instable et en perpétuelle évolution.

3) Dynamique planétaire et perspectives de réindustrialisation

A l'heure présente, la décennie écoulée a vu le triomphe d'Adam Smith et de David Ricardo. D'un côté, les producteurs doivent s'adapter à la taille du marché, donc à une dynamique internationale. De l'autre, ils doivent rechercher leurs avantages comparatifs, autrement dit leurs lignes de force face à la concurrence.

Toutefois, des questions de malfaçon, de qualité inégale selon les séries, de contrefaçons ont refroidi les ardeurs des militants à tout crin de la délocalisation.

De surcroît, le temps et le coût de la logistique sont des éléments à ne pas négliger dans un calcul comparatif. Certains producteurs privilégient à nouveau les " circuits courts " et s'attachent au développement de relations avec l'hinterland allemand.

La dynamique planétaire est en permanente adaptation. En ces temps heurtés, il y a d'évidence ce que les experts nomment " le risque-pays". Parallèlement, il y a la capacité du pays de destination à maîtriser les caractéristiques parfois complexes du process. Enfin, il y a l'évolution des disparités salariales. Là où la Chine est entre guillemets trop chère pour certains fabricants textiles, l'Ethiopie ou le Vietnam demeurent "placés".

A ce stade, il convient de citer une étude du BCG de 2012 (Boston consulting group : " Why the manufacturing will return to the U.S ? ") qui a conclu que d'ici à 2020 la réduction de l'écart des salaires entre Chine et Etats-Unis facilitera le retour à la compétitivité des producteurs nord-américains.

L'Europe aura-t-elle la même fenêtre de tir ? Saura-t-elle continuer et amplifier ses efforts d'innovation pour réussir un flux significatif de " reshoring " (relocalisation).

Une incertitude est devant les économistes : comment conclure face à la question-clef de l'accélération (ou non) de la destruction d'emplois par le progrès technique ? Alfred Sauvy en était convaincu. A l'inverse, d'autres dont David H. Autor (M.I.T) estime que la capacité des machines de demain à remplacer le travailleur est surestimée.

Par le recours à l'intraprenariat, par des diffusions en grappes d'innovation via les pôles d'excellence, la France dispose d'atouts non négligeables à condition que la propension au " credit-crunch " (resserrement du crédit) ne donne pas une forme asymptotique à notre redressement industriel.

Parallèlement, il faut aborder en conclusion une question délicate : l'UE doit continuer à se préoccuper du consommateur mais ne doit plus s'engager dans un contrôle des concentrations qui s'effectue au détriment de nos producteurs.

La fusion refusée entre Alcan, Alusuisse et Péchiney a abouti en moins de dix ans à la prise de contrôle de ces fleurons par Rio Tinto. De même, le dossier Arcelor (champion mondial de l'acier patiemment élaboré) aura été perdu sur un coup de bourse dont on connait désormais les vraies motivations.

La réindustrialisation viendra de nouvelles industries et du rapatriement ponctuel de process actuellement délocalisés. La relocalisation ne sera véritablement tangible que si l'UE reprend certains fondements de son droit de la concurrence et notamment la notion de marché pertinent qui régit fortement l'analyse publique des concentrations.

Pour l'heure, avec un tel droit, il est ardu de constituer des GAMA : Google, Apple, Microsoft, Amazon. Quand bien même notre potentiel technologique et d'innovations de rupture nous le permettrait.

XXII

Virulence du chômage de masse et coexistence de chômages

L'annonce des mauvais résultats du chômage de juillet 2014 confirme la virulence du chômage de masse situé à plus de 10% de la population active. Une analyse à mailles fines s'impose et conclut à la coexistence de diverses formes de chômage.

La virulence du chômage de masse est acquise. La France est ainsi passée d'un peu moins de 2 millions de chômeurs (de catégorie A) en 2008 à près de 3,5 millions en cette rentrée 2014. En effet, les chiffres du chômage se sont dégradés de 26.100 personnes en juillet (d'où un total de 3,42 millions) ce qui constitue – hélas – un nouveau niveau record.

Le chômage est d'autant plus complexe à endiguer que ses facteurs d'alimentation sont divers et inégaux. Face à cet aspect protéiforme, les pouvoirs publics semblent assez démunis depuis de nombreuses années faute d'une programmation cohérente des actions à but curatif.

1) Les trois premiers piliers du chômage français :

Depuis 2008, la croissance française est très réduite et ne permet pas de générer une activité économique non destructrice d'emplois (solde net). Notre pays voit donc son taux de chômage augmenter mais parallèlement il faut souligner que le taux d'activité (personnes au travail rapportées aux personnes en âge de travailler) se dégrade aussi. En clair, les jeunes intègrent la vie active de plus en plus tardivement et les seniors la quittent de plus en plus précocement. Concernant les 50-64 ans, 61,1% étaient actifs en 2012 mais dans le segment 55-64 ans le chiffre s'établit à 47,9%. Deux ans plus tard, la tendance baissière est confirmée.

1.1) Le chômage de sous-activité et de sous-productivité

Faute de carnets de commandes étoffés, les entrepreneurs sont contraints de licencier. Cette évidence que mille exemples confirment est toutefois à éclairer par le cumul qui existe dans de nombreuses branches entre la sous-activité et la sous-productivité qui est un handicap français conduisant à faire de l'emploi une forte variable d'ajustement.

Selon les théoriciens néo-classiques, la crise de l'emploi doit alors se résoudre – notamment – par une baisse du prix du travail. Typiquement, c'est ce que viennent de pratiquer – par exemple – l'Espagne et le Portugal avec des baisses sévères de salaires.

En France, comme l'a démontré l'école de la régulation (voir les travaux de Robert Boyer et Jacques Mistral), il y a une inertie à la baisse des salaires du fait des structures et du fait d'un assez large consensus social sur ce sujet. Edmond Maire, alors à la tête de la Cfdt, avait expliqué il y a vingt ans le paradoxe français selon lequel les partenaires sociaux s'empoignent davantage sur le sujet de la situation de ceux qui ont un emploi et sont " timorés " (sic) lorsqu'il faut agir sur le chômage.

1.2) Le chômage classique et le chômage keynésien

Il y a trente ans, l'éminent Edmond Malinvaud (ancien dirigeant de l'Insee) écrivait ses " Essais sur la théorie du chômage " qui lui ont permis de démontrer la coexistence d'un chômage classique (pas d'embauche faute de rentabilité immédiate des entreprises) et d'un chômage keynésien (pas d'embauche faute de débouchés assurés, de demande effective escomptée). Force est de constater que cette double approche conserve toute sa pertinence comme grille de lecture de la situation française actuelle. Les entreprises sont confrontées à des contraintes de trésorerie (voir étude COFACE) et ne s'estiment pas en mesure d'embaucher. Parallèlement, d'autres firmes ne recrutent pas faute de visibilité prévisionnelle quant à leurs futurs carnets de commandes. A ce stade, la faible propension à embaucher est parfois confortée par les lourdeurs du maniement de notre législation du travail.

1.3) Le chômage lié à la volatilité des facteurs de production

Notre époque est caractérisée par l'internationalisation de la concurrence et donc la France souffre du dumping de différents pays qui rejaillit sur notre capacité à préserver nos emplois. Mais, parallèlement, il est parfois passé sous silence l'importance de la volatilité des facteurs de production. Pour la BNP ou pour Sanofi, il est aussi aisé d'investir près de Lyon qu'à Singapour. Autrement dit, tant le facteur capital que le facteur travail sont dans des conditions de quasi-libre circulation, de nomadisme en somme. Dès lors, nos propres champions nationaux n'ont plus nécessairement un réflexe hexagonal et optimise le choix géographique de leurs sites de production. On revient ici au risque de décrochage de la France par défaut de compétitivité et d'avantages concurrentiels décisifs.

Ces trois premiers piliers constituent, selon nos conclusions, la partie majoritairement explicative du niveau du chômage. En ces premiers jours de " Valls 2 ", ils représentent une tenaille sérieuse potentiellement alourdie par l'incertitude géopolitique (Ukraine, Proche-Orient). Or, lorsque l'évolution d'un système relève de plus de deux variables – simples et non aléatoires -, il est qualifiable de complexe et peut aboutir à la notion de " chaos déterministe " : telle nous semble être la nature du sous-emploi en France dont l'évolution n'est désormais même plus contenue par les mesures d'emplois aidés, par le traitement social du chômage pour reprendre une expression de Pierre Mauroy alors à Matignon au cours du premier septennat du Président Mitterrand.

2) Trois piliers additionnels de longue date :

2.1) Le chômage frictionnel

Pour utiliser un terme du BIT (bureau international du travail) les PSERE (personnes sans emploi à la recherche d'un emploi) disposent de différents canaux pour faire part de leur disponibilité (envoi de CV, réponse à des annonces, listings Pôle emploi, réseaux sociaux). Or, trop souvent notre pays démontre qu'il a une difficulté pour qu'offreur et demandeur de travail se rencontrent de manière efficace, pour que l'appariement soit le plus fluide possible. Il suffit de regarder le nombre élevé d'emplois temporairement vacants (plus de 500.000 offres d'emplois non pourvues) pour mesurer que le chômage frictionnel (chômage d'adaptation lié à la période entre deux emplois) est induit par les imperfections du marché du travail.

2.2) Le chômage de conversion professionnelle

Antoine Riboud, ancien dirigeant de BSN devenu Danone, aimait à dire que nous sommes passés d'une époque dans laquelle " l'homme faisait son travail avec ses mains " à une époque où " il pilote une machine-outil avec ses yeux ". Effectivement, le métier d'opérateur a considérablement changé dans les dernières décennies et en cas de licenciements bien des salariés sont dans l'obligation de ressourcer leurs compétences, d'élever leur seuil d'employabilité donc de passer par un sas de formation voire de conversion professionnelle. Cela a un coût et prend du temps. Deux variables qui provoquent parfois l'allongement de la durée de présence au chômage.

2.3) Un chômage structurel singulièrement français

Depuis la fin des Trente Glorieuses, la France est en sous-performance en matière d'emploi par rapport à ses principaux concurrents européens. Du fait de blocages concernant la mobilité géographique, du fait de l'efficacité souvent contestée de la défunte Anpe, du fait de diverses barrières, la durée de présence au chômage est beaucoup plus importante en France qu'ailleurs. Selon les dernières statistiques, la moyenne frôle désormais les 500 jours (493 pour être précis). Ici réside l'angoisse sociétale car " tomber " au chômage, c'est adhérer de force à un statut de relative longue durée dont le ou la salarié (e) ne s'extirpe qu'au prix de concessions en matière salariale ou de classification professionnelle. Cette durée de présence a un coût pour l'Unedic puis pour la sphère publique via le RSA qui est souvent l'allocation octroyée à celles et ceux qui sont en " fin de droits ".

3) Cinq piliers plus insidieux :

3.1) La théorie du job search

Selon ses partisans initialement nord-américains, le job search vise les chômeurs particulièrement avisés qui effectuent un calcul d'opportunité entre reprendre un travail et rester sous un régime indemnitaire. Dans la France de 2014, il ne faut pas nier que ces " malins " qui perçoivent leurs indemnités tout en effectuant éventuellement des petits jobs (économie souterraine) existent bel et bien. Le chiffrage est d'évidence impossible. A ce stade, on ne peut que se rapporter à un rapport (2013) de la Cour des comptes qui avait proposé une dégressivité plus rapide et aussi un plafonnement moins généreux des indemnités maximales. Selon les " think tank ", l'opportunité de cette mesure est diversement quantifiée.

3.2) Le chômage par érosion personnelle

L'économie du travail et certains sociologues ont finement démontré que le chômeur est en état d'érosion subjective suite à la survenance de plusieurs refus d'embauche. Chaque refus est une sorte de frottement de pierre-ponce qui entame les capacités du chômeur à capter favorablement l'attention du recruteur. Cette variable est délicate à quantifier mais chacun perçoit son caractère cumulatif avec la durée de présence évoquée plus haut. L'employabilité est donc friable.

3.3) Le chômage d'origine technologique

Alfred Sauvy, Pierre Chaunu ont attiré l'attention – il y a trente ans – sur le caractère destructeur d'emplois du progrès technique. En clair, il faut de moins en moins de personnel pour produire autant sinon plus. L'incorporation de la modernité est donc parfois un vecteur récessif pour l'emploi. Ce que l'on nomme chômage technologique en économie est une réalité que la crise accentue. Bien des investissements de modernisation comportent des innovations de rupture qui riment avec délestage d'effectifs.

3.4) Le chômage des populations vulnérables

7 % de la population adulte âgée de 18 à 65 ans ayant été scolarisée en France est en situation d'illettrisme, soit 2 500 000 personnes en métropole. Progressivement, ce chiffre décroissait. Désormais, d'aucuns soutiennent qu'il repart à la hausse ce qui est objectivement un handicap au regard de l'emploi. Tout autant que l'origine du fait de la persistance de certaines pratiques de discrimination à l'embauche par-delà les faux-semblants de type CV anonyme.

3.5) Le chômage des jeunes décrocheurs

Un peu plus de 150.000 jeunes sortent du système scolaire sans formation crédible et parfois " sans bagage " comme l'a rappelé le récent rapport Pisany-Ferry. Ces décrocheurs sont d'évidence en position délicate face à l'emploi. Depuis 2008 et le début de la crise, ils représentent plus de 700.000 personnes. Combien ont, en ces temps difficiles, une activité ?

4) 11 piliers de coexistence pour un Etat incertain :

Face à ces onze piliers qui forment l'armature complexe des chômages en France, l'Etat a recouru à des politiques en silos qui n'ont jamais été au fond de questions opérationnelles ou aux palliatifs clientélistes des embauches publiques. L'erreur du gouvernement Ayrault coupant des crédits destinés à l'apprentissage ou la récente réforme incomplète de la formation professionnelle sont des exemples clairs et tangibles.

La politique de l'offre qui a été retenue par l'Exécutif ne saurait dispenser d'une relance de la lutte contre les chômages précités. La nation le doit à ses naufragés de l'emploi.

XXIII

Les conglomérats : désuets, risqués ou prometteurs ?

Le dossier Alstom (2014 et perspectives d'alliance avec General Electric) a remis en lumière une question récurrente : celle de l'étendue du portefeuille d'activités de la firme. Doit-elle être diversifiée ou centrée en tant que " pure player " ?

1) Conglomérat ou " pure player " : une question ouverte

Un conglomérat est une société faîtière (ou holding) qui regroupe un nombre significatif de filiales qui déploient leurs activités dans des métiers le plus souvent distincts (exemple Bouygues avec TF1, les activités BTP, la téléphonie) mais qui peuvent être directement liés dans la chaîne de valeur. On parle alors d'intégration verticale graduée (exemple du groupe Bolloré avec la gestion des ports en Afrique et les activités de négoce sur le même continent).

L'histoire économique rapporte des échecs autant que de succès dans l'univers des conglomérats : ce n'est donc pas aisé de trancher au moyen d'un appareil statistique ou par échantillonnage. De même, la théorie économique rapporte des approches très contrastées des conglomérats sans démentir l'importante assertion de Léon Walras : " Le monde peut être considéré comme un vaste marché général composé de divers marchés spéciaux où la richesse sociale se vend et s'achète ". (volume 8 des Oeuvres, page 329). En fait, bien des théoriciens se sont penchés sur la question du monopole (tel Paul Sweezy) au détriment de recherches sur les principes directeurs de l'allocation des ressources au sein d'un portefeuille d'activités (voir travaux connus du Boston Consulting Group).

La question reste donc ouverte d'autant qu'elle se dédouble au plan analytique. Ainsi, doit-on considérer LVMH comme un conglomérat hétérogène ? Allant du sac Vuitton aux vins et spiritueux en passant par l'horlogerie. Ou, à l'inverse de ce raisonnement, doit-on appréhender LVMH comme un acteur cohérent et vectorisé du secteur du luxe ? Même remarque pour la brillante firme qu'est Nestlé : holding cohérent de l'alimentation ou agrégation multidimensionnelle de pôles agroalimentaires ?

Ainsi, une première conclusion s'impose à l'esprit : tout le monde comprend ce qu'est un conglomérat mais la taxinomie de ceux-ci n'est pas un chemin pavé d'évidences ou de certitudes.

2) La désaffection face au conglomérat

Il est intéressant d'observer que, dans l'ensemble, le conglomérat n'a pas bonne presse, au moins en Europe occidentale. La presse économique spécialisée associe derechef la notion de " décote de conglomérat " à la définition même du terme de conglomérat. Ainsi Les Echos (voir lexique financier établi en liaison avec les auteurs du réputé Vernimmen) retiennent l'acception suivante : " Les conglomérats sont des groupes industriels fortement diversifiés comme General Electric, Bouygues. On peut généralement observer que la valeur de marché du conglomérat est inférieure à la somme des valeurs des actifs qui le composent. Les raisons de cette décote sont multiples : valorisation négative d'un risque diversifié non choisi par l'investisseur, synergies faibles entre les différentes activités et surtout la crainte d'une mauvaise allocation des ressources entre divisions non rentables et divisions performantes ". A ce stade deux points de confirmation : chacun a pu relever la décote de conglomérat qui a longtemps affecté le groupe Wendel ou Eurazeo qui sont pourtant d'évidence de belles réussites. Deuxième point, une étude minutieuse de la Banque de France (2002) sur le " risk management " au sein des conglomérats financiers vient conforter la définition du Vernimmen.

http://acpr.banque-france.fr/fileadmin/user_upload/acp/publications/documents/racb2002-gestion-des-risques-dans-les-conglomerats-financiers-et-supervision-prudentielle.pdf

Dès lors, la désaffection du conglomérat repose sur plusieurs types de décotes. Bien évidemment, l'analyste ou l'investisseur peuvent être confrontés à une décote d'illiquidité (suivant la géographie du capital soumis à la cotation) ou à une décote de minorité. Ces deux éléments ne sont pas spécifiques de la décote de conglomérat. Ce qui est plus clairement spécifique au conglomérat, c'est d'abord la décote pour suspicion d'opacité. Les parties prenantes (" stakeholders ") redoutent fréquemment le caractère incertain de la rentabilité d'actifs jugés trop disparates. C'est une décote du type " qui trop embrasse mal étreint ".

Parallèlement, depuis le début des années 80, nous avons collectivement assisté à la désintermédiation financière qui a provoqué un appel direct au marché par les grands groupes au détriment des emprunts bancaires classiques. Ce que les conglomérats ont gagné en coût mieux tenu de leur endettement externe, ils l'ont souvent perdu en majoration de leur décote de holding. En effet, in fine, les analystes bancaires prenaient probablement plus de temps pour analyser le contenu des conglomérats là où les opérateurs de marché soumis à une échelle de temps plus contrainte voulaient y voir " clair " instantanément. D'où la pression des marchés (cotation du titre et accès aux ressources financières) pour migrer vers des groupes lisibles dotés d'un nombre fort limité de produits et adressant peu de types de marchés. Les " pure players ". Sur le thème " on ne fait que ce que l'on sait bien faire ".

Enfin, une étude de la Société Française des Evaluateurs de septembre 2008 (" Primes et décotes dans le cadre des évaluations financières ") ajoute une décote aux ressorts plus fins : " A ce titre, il est intéressant de relever que dans les cas de groupes constitués d'une cascade de holding, la dette financière se trouve généralement soumise au respect de " covenants " (ratios exigés par les banques prêteuses, au risque de la déchéance du terme des emprunts) de plus en plus exigeants au fur et à mesure que l'on monte dans l'organigramme du groupe ". (page 34). Là encore, cette question des conglomérats est plus ouverte qu'il n'y paraît. Au moyen de montages de belle ingénierie financière, tant Messieurs Vincent Bolloré et Bernard Arnault ont pu longtemps faire prospérer des emboitements de holdings. A-t-on vu la Financière Agache érodée par une décote de holding ? Pas de manière substantielle rapportée aux fonds externes qu'elle drainait.

3) Les exemples étrangers : le conglomérat à l'honneur

N'étant pas adepte du " french bashing ", cette section n'est pas une ode aux vertus des firmes étrangères par contraste avec nos entreprises de France. Toutefois, personne ne peut nier que l'analyse comparative internationale fait sens en matière de conglomérat.

Songeons d'abord à l'emblématique et presque insolente réussite de General Electric qui compte près de 100 métiers (de DAS : domaines d'activités stratégiques). Mais aussi au sud-coréen Samsung, à l'indien Tata, au japonais Hitachi et aux traditionnels konzerns allemands que sont, par exemple, Siemens ou Bayer ou encore VW dont la banque intra-groupe a rapporté plus d'un milliard d'Euros de résultat net.

Face à cet ensemble qui doit être complété par des dizaines d'exemples chinois ou par le russe Gazprom, il y a matière à interrogations. Le temps des conglomérats, vécus comme désuets par de jeunes analystes lors de " roadshows ", est loin d'être aboli par des pays-clefs de la mondialisation. Au demeurant, le lecteur a certainement en mémoire, toutes les analyses qui ont conclu qu'Alstom " seul " (

c'est-à-dire limité à ses activités dans le ferroviaire)
ne serait pas viable. Et pourtant, cela aurait été un "
pure player "...

Plus nous avançons dans le raisonnement et dans le
déroulé de sa restitution, plus nous devons constater
les cas de fertilisation croisée qui existent entre les
hommes et les femmes qui travaillent dans les unités
d'un conglomérat. C'est d'ailleurs ce que ne cesse de
dire et de démontrer Monsieur Jean-Louis Beffa
lorsqu'il évoque son management de Saint-Gobain.
De récents travaux de l'Ecole des Mines d'Alès sur
l'innovation ont montré la pertinence des échanges
inter-groupes généralement nommés " cluster-level
competencies " dans les travaux anglo-saxons.

A ce sujet, il y aurait probablement matière à action
au Commissariat à l'Energie Atomique qui compte
plus de 1.750 filiales. Face à ce conglomérat public
qui déborde de compétences reconnues, ne faudrait-
il pas vectoriser et harmoniser certains programmes
?

En matière de conglomérat, l'élite administrative et
bancaire de notre pays a cette question ouverte sur
son agenda afin d'être en mesure d'écrire les succès
de demain. Cela suppose réflexion préalable et débat.
Seul le débat structure l'échange dont la fécondité
forme le Projet pour recourir à cette association de
termes connus d'aucuns : " Echanges et Projet ".

**4) Les conglomérats manqués, défaits et mis en
déroute**

Dans son livre consacré à Ambroise Roux (Un prince
des affaires, 1996), Anne de Caumont rapporte en
page 92 le grand courroux de ce capitaine d'industrie
qui regretta longtemps l'échec du projet Unidata.
Celui-ci, élaboré en 1974, devait regrouper Philips,
Siemens et la Compagnie Générale d'Electricité. 40

ans après, on peut avoir le remords de cette perte d'opportunité européenne. Mais surtout, on ne peut qu'être empli de regrets des conditions du démantèlement de la CGE. A qui fera-t-on croire que Alsthom (avec son " h" historique) et Alcatel se sont mieux portés depuis ? Ainsi, il nous semble que les conglomérats défaits – ceux qui sont détricotés par les circonstances – voient leur avenir respectif limité pour ne pas dire obérer. L'exemple de la décennie houleuse que le géant Sony vient de traverser confirme cette approche.

Conclusion

Pour certains analystes expérimentés ou teintés par l' a priori, le conglomérat est une forme désuète à qui il faut dire " game over ". Sans concession ni discussion.

Pour d'autres, probablement plus observateurs des signaux discrets du monde extérieur, il faut bien admettre que de grands conglomérats chinois ou autres sont impressionnants de puissance et d'apparente maniabilité.

Loin d'être un vestige du temps passé, ces firmes dignes des célèbres trusts nord-américains nous semblent être a minima un foyer de réflexion voire des exemples pour qui souhaite le rebond de l'outil productif français.

Sur ce sujet, il n'est pas illégitime de garder en mémoire le mot de Léon Blum : " Je le crois parce que je l'espère " que n'aurait pas démenti Bernard Esambert ou le regretté Philippe Girardot, ancien conseiller pour les affaires industrielles à Matignon.

XXIV

Intrapreneurs : une piste féconde

Le changement progressif de civilisation qui se déroule sous nos yeux, le développement de différentes formes salariales sont des faits d'importance. A la montée inexorable du salariat vient se cumuler la notion confidentielle d'intrapreneuriat qui pourrait être une piste féconde.

Le philosophe Michel Serres l'a écrit : " Nous ne vivons pas seulement une crise économique mais une crise de civilisation ". Si l'on songe aux avancées réalisées en matière de santé (aide à la réalisation d'actes de chirurgie, apports des biotechnologies, etc) ou dans bien des domaines positivement concernés par l'économie numérique, demain sera porteur d'un avenir prometteur.

1) L'extension du salariat :

Pour autant, les technologies vont se déployer dans un cadre social marqué par l'extension du salariat : en France, en 1982, les non-salariés représentaient 13,9% de la population active, 10,7% en 2002 et 9,68% en 2012. Il serait hasardeux de conclure que cette érosion de la part relative des non-salariés induit un lien avec la vigueur contrastée du " fighting spirit " de notre pays mais il y a néanmoins là un champ de réflexion pour les sociologues.

Pour l'heure, nous disposons de l'étude très approfondie de l'un d'entre eux, Robert Castel (" Les métamorphoses de la question sociale : une chronique du salariat ", 1995) qui a démontré que le salariat était souvent marqué du " sceau de l'aléatoire " et de disparités : " Jusqu'ici, les transformations qui se sont produites depuis vingt ans n'ont pas entraîné un séisme social. Elles ont même vraisemblablement conforté autant de positions qu'elles en ont brisé." (P. 439).

Selon l'étude d'Olivier Marchand (Insee) : " La France est donc entrée, avec retard par rapport aux pays industriels les plus avancés, dans le schéma de salarisation accentuée des sociétés post-industrielles. Mais aujourd'hui, l'emploi indépendant résiste dans certains secteurs comme ceux des services marchands ou du bâtiment. La salarisation complète de la force de travail, encore envisagée il y a une vingtaine d'années, n'aura vraisemblablement pas lieu.

Le regain récent des indépendants est dans un certain nombre de cas un signe d'adaptation à la crise, le travail non salarié pouvant être, pour des salariés menacés, la seule solution pour échapper au chômage. Mais ce regain est en même temps susceptible de jouer un rôle important dans la création d'emplois : par exemple lorsque certaines grandes entreprises ont réduit leurs effectifs pour se recentrer sur leur métier de base et externaliser leurs activités périphériques en recourant à la sous-traitance.

La moindre étanchéité entre travail salarié et activité indépendante est révélatrice de la transformation de la société salariale. Celle-ci tient tout à la fois au développement de nouvelles modalités du travail indépendant ou d'exercice de la sous-traitance et à l'émergence de formes d'emploi salarié moins stables et moins pérennes." (Insee première n°1312, septembre 2010).

Le débat est donc ouvert sur la question de l'extension continue (ou endiguée) du salariat. Une chose est communément acquise : il n'est pas aisé en France de réussir sa création d'entreprise et d'en vivre. Il suffit de relever le décrochage des revenus qui existe entre un ancien salarié de classification "x" et ce qu'il peut percevoir, à horizon trois ans (voire cinq) , de son entreprise.

2) Une piste à explorer : la notion d'intrapreneur

Selon C. Carrier (" De la créativité à l'intrapreneuriat ", Presses de l'Université du Québec, 1997), la génèse de l'intrapreneuriat est à localiser en Suède, dès 1979, où des consultants avaient élaboré un cycle de formation visant à susciter l'innovation et à promouvoir les " bonnes idées " des salariés. Usuellement, le concept d'intrapreneur a pour initiateur l'américain Ginford Pinchot du fait de son livre à succès : " Why you don't have to leave the corporation to become an entrepreneur " (1985).

Au plan juridique, l'intrapreneur reste le plus souvent salarié de l'entreprise mais peut se voir confier un mandat social en devenant responsable d'une filiale spécialement constituée pour porter son projet préalablement validé par sa hiérarchie.

Ainsi, pour le grand groupe, c'est un moyen de s'attacher des talents créatifs qui, bridés, auraient pu être tentés de quitter l'entreprise. Symétriquement, pour l'innovateur qu'est souvent l'intrapreneur, c'est un moyen de faire prospérer ses idées sans prendre l'intégralité des risques inhérents à la création d'entreprise.

Le destin de la filiale ou du département dédié peut être multiple. Dans certains cas, le succès entraîne une réintégration plénière dans le groupe. Dans d'autres une externalisation par cession ("spin-off"). Enfin, parfois, le succès n'est pas au rendez-vous et le salariat reprend le dessus.

Dans un rapport de recherche pour l'Université Lyon I, Claire Vivet rapporte un point sensible issu de deux études distinctes de Eric Von Hippel et de Ralph Biggadike : " Ces études montrent que les problèmes les plus difficiles à résoudre, les moments les plus critiques, se situent souvent dans la période intermédiaire entre la mise en route (découverte d'une idée) et l'acceptation du produit nouveau par l'utilisateur ".

Effectivement, le temps de gestation est associé à une pression sur l'intrapreneur et son équipe qui peut être, in fine, stérile car démotivante. En matière d'équipements téléphoniques, il faut garder en mémoire la souplesse de fonctionnement de certains " labs " de Lucent. Même remarque pour le division recherche de certains pétroliers dont notamment Royal Dutch Shell.

En fait, l'intraprenariat peut être une piste féconde pour l'essor personnel et professionnel de hauts potentiels et – parallèlement – venir alimenter concrètement le renouveau stratégique des firmes.

3) Culture d'entreprise et grappes d'innovation

Depuis Schumpeter, il est acquis que l'innovation se répand par processus itératifs, par constitution de grappes. Dès lors, l'intraprenariat peut représenter un vecteur de l'émergence et de la diffusion de l'innovation, que celle-ci soit graduelle ou de rupture.

D'évidence, cela suppose des choix stratégiques majeurs en matière de culture d'entreprise. Songeons ici à 3M qui a octroyé jusqu'à 15% de leur temps de travail à certains collaborateurs pour développer des recherches personnelles. On retrouve là, indirectement, le " wandering thinking " (pensée errante et découvertes inopinées) et le " think out of the box " (pensée hors des sentiers battus). Face aux défis de l'accélération de l'incorporation du progrès technique, ces deux méthodes sont très clairement des voies d'accès vers des facteurs-clefs de succès.

Parfois la culture d'entreprise peut être étouffante pour certains collaborateurs et ceci provoque des échecs collectifs ou un manque à gagner. Au regard des occasions manquées de développer des foyers d'innovation et au regard du poids de la subordination salariale au sens strict, le fait de promouvoir un vivier d'intrapreneur ne semble pas un pari mais une piste féconde. Historiquement, Sanofi est principalement issue de la volonté de Pierre Guillaumat et de Jean-René Sautier de diversifier Elf Aquitaine (1973) en confiant cette espèce de " start-up" avant l'heure à l'émerillonné Jean-François Dehecq.

Deux éléments de conclusion : un leader mondial diversifié comme Google (moteur de recherche, biotech, automobile sans pilote, etc) incite à l'intrapreneurship. D'autre part, " Tout indique que le monde ne sera pas confronté à une rareté quantitative ou qualitative des ressources humaines dans les cinquante prochaines années. En revanche, de ce double point de vue, nous allons probablement assister à une gigantesque redistribution des cartes au détriment des pays anciennement développés et au profit des pays aujourd'hui qualifiés d'émergents ". (p.164, " La guerre des capitalismes aura lieu ", Cercle des économistes, 2008).

Finalement essaimer des politiques d'intrapreneuriat de manière nettement plus affirmée qu'à ce jour pourrait aussi constituer un vecteur pour attirer nos jeunes ingénieurs qui, trop souvent, optent pour un départ de France au grand regret de personnalités aussi diverses qu'Henri Lachmann (Schneider), Pascal Cagni (ex-Apple), ou Pierre Bellanger (Skyrock).

XXV

L'étonnante inertie de la politique économique

La France semble comme figée. Cette croissance zéro donne des engelures à ses rouages productifs et approfondit la taille des crevasses sociétales. Pendant ce temps-là, où se situe la politique économique ?

Il faut être précis et distinguer ce qui relève des Finances et de l'Economie. Au ministère des Finances, c'est l'effervescence et tant Messieurs Michel Sapin que Christian Eckert ne cessent d'œuvrer pour " boucler " un PLF (projet de loi de finances) puis – moins de deux mois après – un PLF rectificatif correspondant aux ajustements requis après l'analyse de Bruxelles et les derniers déboires de la conjoncture.

Cet exercice sera d'ailleurs amené à être rectifié avant l'été (collectif budgétaire) tant certaines variables retenues sont loin du curseur que la réalité va nous imposer de respecter.

Ainsi, le taux de croissance pour 2015 à 1% est surestimé (le FMI évoque 0,7%, les analystes et les agences de notation 0,6%). Ou " optimiste " pour reprendre le doux mot du HCFP : Haut-conseil des finances publiques.

De plus, " les dépenses de consommation des ménages " (0,2% en 2013 et 0,3% en 2014) sont prises en compte à hauteur de 1,3 % (un virgule trois) pour 2015. Ce chiffrage est irréaliste au regard de l'évolution du pouvoir d'achat de millions de Françaises et de Français.

Alors, sommes-nous face à une scorie textuelle ? Non, évidemment.

En revanche, il est loisible de mesurer que si l'on surévalue la consommation à venir des ménages, on inflate d'autant les recettes prévisionnelles de TVA. Georges Marchais aurait sans doute eu recours à une de ces interjections favorites : " Je m'excuse mais là, il y a un tour de passe-passe qui ne passe pas ! ".

Oui, le volume prévisionnel de recettes ne passera pas la quantification suggérée par Bercy : il s'inscrira en-deçà du fait de l'élément précité et du tassement des rentrées fiscales provoqué par le maintien d'une conjoncture dégradée. Tous les impôts seront atteints : TVA, IS et IRPP.

Au total, le manque à gagner devrait se situer entre 5 à 10 mds d'euros ce qui, ajoutés aux 88 mds de déficit budgétaire programmé nous rapproche du chiffre aussi vertigineux que symbolique de 100 milliards.

Une dette publique à un peu plus de 2.000 milliards, une dette hors-bilan (engagements futurs de l'Etat) à 3.300 mds et un déficit à près de 100 mds, le versant Finances est un défi collectif national que l'auteur de " L'écume et l'océan " (Michel Sapin) voit fondre sur lui comme un coup de tabac d'une mer peu accommodante.

Du côté du ministère de l'Economie, l'atmosphère est sensiblement différente. D'une part, il y a ceux qui – presque nuit et jour – parent au plus pressé et tentent de sauver ce que l'on appelait naguère " les canards boiteux ". Ainsi, le Trésor ou le CIRI (Comité interministériel de restructuration industrielle) sont sur le pont avec ténacité et même ardeur au regard des désastres de notre temps présent industriel.

Pour le reste, d'aucuns versent dans des schémas plus ou moins teintés de réalisme et goûtent à satiété ce plaisir franco-français : la réunion de travail. De toutes celles qui sont organisées et tenues – parfois de manière un peu baroque étant connue l'urgence sociétale -, le ministre peut ressortir avec une quintessence dont il a le devoir républicain d'informer les membres du Parlement.

Pour avoir écouté une récente audition de Monsieur Macron devant la commission des finances de l'Assemblée nationale, il faut bien conclure que l'auditeur lambda a du mal à discerner l'alpha et l'oméga de la politique à venir. Oui, à venir car beaucoup va reposer sur une " grande " loi (du type de la LME de 2008 / Loi de modernisation de l'économie) dont chacun comprend qu'elle va vivre un grand " 8 " (digne d'une fête foraine) du fait de l'opposition sénatoriale et de la configuration de la majorité du Palais-Bourbon composée de sa quarantaine de frondeurs.

35 heures, effets de seuils, crédit inter-entreprises et délais de paiements, etc Va-t-on aborder les sujets idoines ou prendre une sorte de truelle de taille insuffisante pour replâtrer tel ou tel modeste pan de l'édifice de la nation ?

Que de sujets à traiter par l'équipe de Monsieur Macron : les 42 mds d'aides au logement et leur efficacité aléatoire. Le suivi des participations de l'Etat dans lesquels les dossiers DEXIA, AREVA et PSA nous éloignent de ce qu'Alain Peyrefitte appelait : " La société de confiance ".

Tant de jeux d'ombres, de paroles non tenues, de loi de circonstances (emprunts toxiques et loi 2014-844 du 29 juillet 2014) : tout ceci ne fait pas une politique économique mais une séquence de réponses à l'évènement et à sa dictature d'apparition.

Tout ceci ne constitue pas une bonne décision. " Par quoi nous traduisons le grec prohairesis – et accessoirement celle de souhait. Dans la décision, la reconnaissance de responsabilité, dont nous avons discerné les linéaments dans l'épopée et la tragédie, trouve son concept directeur. (...) Aristote n'aborde pas de front le concept de prohairesis mais le place dans un cercle plus vaste, celui du " plein gré " (hekôn) et du " malgré soi " (akôn). " (Paul Ricœur, in " Parcours de la reconnaissance ", Deuxième étude : page129).

Etre charnellement et intellectuellement ministre de l'Economie en titre, c'est bien arbitrer en permanence – et parfois sous contrainte temporelle sévère – entre le hekôn et le akôn. C'est donc un poste de responsabilité et de confiance où la notion de prohairesis n'est pas totalement intrinsèque à son détenteur.

Ce qui est néanmoins troublant, c'est que les bonnes nouvelles sont – pour prendre le terme consacré par certains politiques – mises, telle la poussière, sous le tapis.

Ainsi, la baisse des cours du pétrole des 9 derniers mois a représenté des gains au moins équivalents à près de la moitié du CICE (avec des nuances sectorielles, bien évidemment). Qui en parle ? (Voir étude Rexecode : http://www.coe-rexecode.fr/public/Analyses-et-previsions/Propos-d-actualite/Quel-est-l-impact-de-la-baisse-du-prix-du-petrole-pour-les-differents-secteurs-de-l-economie-en-France).

Une vague de concentrations est anticipée et la crise y participe. Qui en parle ? D'anciennes fonctions antérieures du ministre devraient l'épauler pour accompagner les conséquences de ce diagnostic, par exemple par une réforme des LBO et du droit des sociétés à l'instar de la loi NRE (Nouvelles régulations économiques) du 15 mai 2001 incluant de surcroît le fléchage de segments de l'assurance-vie vers la sphère productive.

François Morin (" Le modèle français de détention et de gestion du capital " Editions de Bercy, 1998) avait déjà établi l'esquisse de cette tendance à l'accumulation concentrée.

Raymond Barre était adepte du " gradualisme " (New-York, 8 Février 1980) en économie et non des " chocs " dont on ne sait plus s'ils sont médiatiques ou consistants même menés par le duo Mandon – Poitrinal.

Il n'aurait pas goûté l'idée d'une loi dont les navettes parlementaires et le jeu des savonnettes politiciennes vont en faire un drôle de volatile nommé " Loi Macron ".

En fait, lorsque l'on dédie (depuis Rivoli et désormais Bercy) son patronyme à une loi, il faut libérer les prix (René Monory 1978) ou modifier le marché financier (Bérégovoy, 1983). Il faut aller planter une dague dans l'histoire économique de son pays et non accumuler des mesures disparates comme un conseiller entasse des fiches Bristol.

Emmanuel Macron est à un tournant entre la réflexion – qu'il sait parfaitement mener – et l'action qu'il va devoir impulser en sortant gagnant de ce duel avec la vie réelle. En calibrant ses tirs pour obtenir l'épanouissement de son hubris et de son hekôn.

Pour notre part, nous avons écrit – il y a des mois – sur un double champ de propositions : regrouper temporairement les fonctions de Premier ministre et de ministre de l'Economie comme Raymond Barre l'obtint du Président Giscard d'Estaing en Août 1976 (en succédant à Jacques Chirac). Comme il était d'usage, par exemple en 1908 avec Georges Clémenceau (cumul présidence du Conseil et ministère de l'Intérieur).

Le deuxième champ de propositions nous semble encore plus d'actualité : nous avions suggéré que le Pacte de responsabilité relevât du mécanisme institutionnel des ordonnances.

Quand on constate son réel état d'avancement près d'un an après son annonce formelle par le Chef de l'Etat, ce n'est pas être un adepte du cynisme ou du déclin de notre pays, c'est seulement être attentif à la réalité des situations et à ce que je considère comme une politique économique frappée d'inertie que l'histoire financière résumera essentiellement à des mesures fiscales dont l'impact pro-cyclique est désormais connu même d'un commissaire européen de nationalité française.

XXVI

Crise et volitions des économistes

Comme toute profession, les économistes n'échappent pas au conflit intérieur entre leurs parts de déterminismes et leurs actes de volonté : leurs volitions. Dès lors, lorsque ce conflit est trop irradiant, la puissance du raisonnement se dilue et peut conduire à émettre de faux énoncés.

L'histoire économique – et nul ne saurait avoir la prétention d'y échapper – rapporte que les économistes sont faillibles. Toutefois, il est bien différent de faillir au terme d'un raisonnement hypothético-déductif (digne de l'enseignement de Roger Bacon) alors devenu imparfait, plutôt qu'au terme d'un raisonnement inductif où les préjugés ont souvent la part trop belle.

Entreprendre une politique de l'offre – exemple non fortuit – suppose une identification, une cartographie des forces en présence. Ainsi, dans certains secteurs le facteur travail (salaires + charges salariales et patronales) ne représente plus que 16% du montant du chiffre d'affaires contrairement aux 25% de taux moyen. Dès lors cet écart statistiquement observable devrait inciter à une politique sectorielle, à muscler les directions des achats et non à édicter une mesure générale telle que le CICE. Au demeurant, sa complexité a été soulignée et le président de la République a annoncé, jeudi dernier, que cet outil serait transformé en dispositif d'allègements de charges à compter de 2017. Décidément, face à une crise complexe et tenace, nous aimons répondre par des politiques complexes et chronophages. Typiquement, la lecture du rapport Gallois a été trop globalisante et n'a pas pris en compte les aspérités du relief, du terrain. Il y a eu volonté de faire mais la volition a été corrodée par la mise en pratique de la politique économique. Du penser, du concevoir au faire, se loge l'impitoyable volition.

" Cette puissance que notre esprit a de disposer ainsi de la présence ou de l'absence d'une idée particulière, ou de préférer le mouvement de quelque partie du corps au repos de cette même partie, ou de faire le contraire, c'est ce que nous appelons volonté. Et l'usage actuel que nous faisons de cette puissance, en produisant ou en cessant de produire telle ou telle action, c'est ce qu'on nomme volition ". Locke (in " Essai sur l'entendement humain", 1690).

Frédéric Lemaître (in Le Monde, article du 5 septembre 2009 : " La crise remet en cause le savoir et le statut des économistes ") a écrit : " Après tout, les économistes constituent sans doute la profession qui a le plus d'influence sur les hommes politiques et donc sur nos vies ". Il ajoute une importante citation de feu Maurice Allais (in " Revue Economie politique ", été 2009) : " Une grande partie de la littérature économique contemporaine est progressivement passée sous le contrôle du purs mathématiciens, plus préoccupés de théorèmes que de l'analyse du réel ".

Le journaliste du Monde rappelle, non sans malice, que bien des économistes sont dits économistes de banque. Effectivement, la subordination salariale peut induire une forme d'autocensure chez ceux qui ont pour fonction, précisément, de " nous " parler de leur vision de la crise bancaire et financière. Nous sommes ici face au principe d'incertitude d'Eisenberg appliqué à l'intime conviction de chacun, à sa constitution intime et ultime.

Un point est acquis : l'analyse de Pierre-Antoine Delhommais (Le Monde, 6 et 7 septembre 2009) est désormais totalement transposable à la crise que nous subissons depuis 2008. " Reste à savoir pour quelles raisons la catastrophe totale a pu être évitée. Difficile à dire lorsqu'on sait que, quatre-vingts ans plus tard, les économistes ne savent toujours pas très bien comment l'économie mondiale avait basculé ainsi dans le vide. Chacun continue de proposer ses explications selon son école de pensée, ce qui a fait dire à Barry Eichengreen (ndlr : économiste à Berkeley) que la crise de 1929 constitue le test de Rorschach de la macroéconomie. Il n'y a pas d'accord sur les causes de la Grande Dépression, mais il existe un consensus sur les grandes erreurs de politique économique qui furent commises à l'époque, avec pour effet d'aggraver l'état du malade ". Un récent audit interne du FMI (rendu public) conforte ce dernier point quant à la gestion de la dure période présente.

La crise a donc vu des esprits fins se perdre dans des projections de nature téléologique où l'économiste produit ses propres finalités au détriment de la juste maîtrise de la réalité. Nous sommes loin des préceptes du " Docteur admirable ", de Roger Bacon donc, (1214-1294) qui est un des grands précurseurs de la méthode scientifique et qui est, si vous m'autorisez cet acte de foi, incontournable par ces temps de mer forte économique et sociétale en ce qu'il place en tête des préoccupations la notion d'expérience.

Celle-ci est à croiser, en méthodologie économique, avec l'axiome ontologique qui postule que le réel est appréhendable et que la substance des choses relève bien de la connaissance humaine.

L'économiste peut alors faire preuve de volition et rejoindre les travaux de Cornelius Castoriadis qui ont démontré l'existence de relations logiques entre les objets ou classes d'objets (notion d'organisation " ensidique ") tout en concédant que le chaos a sa puissance et vient ainsi troubler le décryptage de l'observateur.

Etre économiste contemporain de cette mutation du capitalisme mondial, c'est adhérer à l'idée de Jean-Blaize Grize (in " Logique naturelle et communications, 1996) qui estime requis de passer du CQFD au CQFA : ce qu'il fallait argumenter.

 C'est d'ailleurs ce que fit Jean-Hervé Lorenzi, dans un article de fond (Le Monde, 21 mars 2008), où il énonçait quatre propositions " pour réparer le système " : 1. Coordonner les politiques économiques ; 2. Aider les banques à assainir leurs bilans. 3. Donner le temps aux banques d'amortir les titrisations. 4/ Repenser la prévention des risques bancaires ". Aucun des contenus de ce carré de propositions n'a été retenu. Les convergences de politique économique ont été de nature pro-cyclique et la contraction du crédit (credit-crunch) est un fait dont notre pays est sévèrement atteint (voir propos du gouverneur Christian Noyer, 5 juillet 2014, Aix-en-Provence). Ainsi donc, la valeur opérationnelle des avancées permises par le texte de l'économiste Lorenzi de 2008 a été transformée en " dust-catching report " comme disent nos amis anglo-saxons.

Dommage sur le fond de la volition lorenzienne et surtout dommage quant à l'allongement de la spécifique crise en notre Continent européen. L'adage dit pourtant : " When there is a will, there is a way "...

XXVII

Instabilité économique et Eglises

Fort heureusement, la France est une démocratie et non une théocratie. Fort opportunément, le monde spirituel reconnait la forme suprême que revêt la République pour l'organisation de notre vie commune.

Face à la crise et à l'instabilité économique qui l'accompagne, il faut s'interroger sur la position voire la doctrine des Eglises.

La pratique du culte et ses multiples facettes ne sauraient être résumées ici, en quelques milliers de signes. En revanche, avant de centrer notre analyse sur l'Eglise catholique, il faut relever que nulle religion n'est monolithique par-delà l'aspect dominant et dominateur du monothéisme.

La crise est affaire de multiplications. Multiplication du nombre d'employeurs au long d'une carrière, multiplication des déménagements, multiplication des foyers anxiogènes à la fois professionnels et personnels. Face à cette multiplication qui fournit une somme de grand embarras à l'individu, face aux divisions sociétales et à la tentation du rejet de l'Autre (avec ce a majuscule, reflet de notre respect de principe), l'Eglise ne peut se soustraire du débat économique et tente d'additionner des contributions sans aboutir à une doctrine économique flamboyante comme le fût celle issue du pape Léon XIII, surnommé le " pape des ouvriers " avec sa célèbre Encyclique de 1891 " Rerum Novarum " qui comporte, entre autres, cette célèbre phrase stigmatisante : " La concentration, entre les mains de quelques-uns, de l'industrie et du commerce devenus le partage d'un petit nombre d'hommes opulents et de ploutocrates, qui imposent ainsi un joug presque servile à l'infinie multitude des prolétaires ".

De facto, l'Eglise est plus investie dans l'élaboration minutieuse d'une doctrine sociale, centrée sur les démunis selon le principe de l'option préférentielle pour les personnes vulnérables et le principe du bien commun notamment décrits par Jean XXIII et Paul VI.

A l'heure où un certain argent circule de clic en clic à la vitesse des fibres optiques et s'éloigne des besoins de l'économie réelle (phénomène de " credit-crunch "), l'Eglise demeure en retrait face à une impérieuse analyse économique qui dépasse les poncifs et soit à la fois actuelle et centrée sur les textes fondamentaux tels que : " Ce gérant trompeur, le maître fit son éloge : effectivement, il s'était montré habile, car les fils de ce monde sont plus habiles entre eux que les fils de la lumière. " (Luc 16, 1-8). Seule une exégèse de certains passages fondamentaux pourraient autoriser un aggiornamento dont le reste de la société pourrait bénéficier.

La focalisation sur la question – bien évidemment importante – de la pauvreté (voir l'œuvre de Jean-Paul II) nous semble trop invasive et finit par nuire aux rameaux qui pourraient soutenir un chemin de réflexion économique. Pie XI est connu pour avoir dénoncé l'Etat totalitaire et englobant. Lors d'une visite d'Hitler à Rome, il fait fermer les musées du Vatican et déclare dès le 6 septembre 1938 : " Par le Christ, et dans le Christ, nous sommes de la descendance spirituelle d'Abraham. Non, il n'est pas possible aux chrétiens de participer à l'antisémitisme. " Chacun connait hélas la suite et le pontificat contrasté de Pie XII. De la même manière, le Pape François a une vision prémonitoire de certains aléas sociaux mais ne semble pas devoir s'appuyer sur un corpus analytique économique, sur la défense de certaines libertés publiques au regard de notre futur monde technologique.

Il faut avoir la lucidité de reconnaître que l'identification de cette carence n'est pas aisée à établir mais nous suggérons au lectorat trois pistes de réflexion :

- Le rejet viscéral du marxisme prive l'Eglise d'une analyse des rapports de force, in concreto.

- L'attachement à la formidable expérience caritative de l'Eglise (Saint Vincent de Paul, etc) finit par occulter la sphère économique.

- La théologie de la kénose qui postule les limites de la puissance de Dieu et ses souffrances imprègne plus d'un texte religieux par opposition à la Toute-puissance décrite dans l'Ancien Testament.

Si la fondation de la Congrégation de l'Oratoire (Pierre de Bérulle, 1611) est une avancée, depuis des siècles, on a du mal à discerner la volonté de l'Eglise de faire siens les progrès de l'humanité pensante. Ainsi, au plan économique, un homme d'exception comme le cardinal Jean-Marie Lustiger s'est cantonné à la lourde problématique du pauvre et non aux rouages de la domination économique, aux initiatives fondées sur l'économie de partage voiré du don, aux conséquences culturelles et migratoires de la mondialisation, etc.

Il faut dire, que selon notre respectueuse analyse, le cardinal avait effectué des choix que nous ne pouvons suivre. Ainsi, dans " Eglise,

Révolution et Droits de l'Homme " (entretien avec l'historien François Furet en 1989), il fustigeait " l'incapacité des démocraties occidentales, héritières de cet idéal de la raison et de la philosophie des Lumières, à défendre contre les idéologies totalitaires l'espérance morale, hautement morale, de ce qu'il y avait de meilleur dans l'affirmation des droits de l'homme ". (in Le Débat, n°55).

Non, en l'état, ce constat n'est pas recevable et de nos recherches, nous ne pouvons qu'extraire une pensée économique fragile qui ne pétrit pas la pâte du pain des dominations et des exploitations modernes. Ne souffre-t-on pas dans un bureau "open space" comme autrefois dans l'extraction du charbon ? La pression sur le CDI au profit de salariés quasi-révocables ad nutum (brefs CDD) ne sont-elles pas des questions ?

Au demeurant, il ne serait pas absurde de poser pour hypothèse qu'une analyse économique convergente pourrait contribuer à resserrer les Eglises de France et les religions qui trouvent ainsi à s'exercer sur le sol de la République.

" L'unité des religions doit être recherchée dans ce qui est divin, c'est-à-dire universel en l'homme, et non dans ce qui est humain dans les doctrines ". Pierre Lecomte du Nouÿ, (in L'homme et sa destinée).

Oui, il manque un versant économique aux Eglises et l'instabilité pousse certains fonds LBO à disposer de salariés de leurs filiales comme de simples mouchoirs en papier. Dans ces flots de larmes de travailleurs et travailleuses brisées, l'Eglise n'a-t-elle pour mission que de tendre un Kleenex compatissant pour tenter d'éponger les peines ? N'a-t-elle pas un rôle dans le débat public économique plus affirmé à tenir que celui actuellement mis en œuvre par la Conférence des évêques de France ?

Le cardinal Joseph Pecci, frère de Léon XIII a écrit : " Ce sont des lettres du pape, mon frère, dit-il. Donne-les-moi. Elles aussi, je les brûle. Je sais qu'elles pourraient servir à sa gloire; mais elles pourraient le desservir aussi. Les vivants lisent toujours mal les papiers des morts. " (in " La jeunesse de Léon XIII, d'après sa correspondance inédite ", Boyer d'Agen, 1896, p. 27).

Effectivement, au cours de cette contribution résumée, il manque à l'appel tous ces travaux d'hommes d'Eglise que la terre a recouverts et qui tout en respectant la règle de Saint Benoît (Ora et Labora : prie et travaille) ont peut-être abouti sur la voie d'un corpus économique sans que leur voix ne fût entendue par une hiérarchie par trop pesante et omniprésente.

XXVIII

Les tenailles de la déflation

On rêverait de déceler, comme dans les yeux d'un enfant dans lesquels la Loire se reflète majestueusement, des indices de sortie de crise. Hélas, point de doux rêves, la réalité se fait silex et le nouvel épisode qui s'offre à l'Europe risque bien de se nommer déflation. Un mal sournois car auto-entretenu et délicat à contenir.

L'inflation est basse en Europe depuis plusieurs trimestres, par-delà la politique accommodante de la BCE qui tente de soutenir l'activité au moyen d'une aide tangible au secteur bancaire. Même si des poches, des foyers ponctuels, de hausses des prix subsistent (produits agro-alimentaires transformés, etc), la stagnation voire la baisse des prix nominaux semble bel et bien enclenchée.

D'abord, plusieurs instituts de conjoncture le décèlent, des analystes comme ceux de l'OFCE le confirment et des sondages convergents indiquent que 48% des personnes interrogées sont prêtes – en France - à différer un achat en l'attente d'une baisse des étiquettes.

Ici se trouve le nœud gordien de la déflation qui repose considérablement sur la notion d'anticipations (que l'on n'ose toutefois qualifier de rationnelles) : les entrepreneurs diffèrent leurs projets d'investissement (faute de visibilité pour leurs carnets de commandes), les particuliers diffèrent leurs achats notamment de biens durables et les Etats en situation friable au plan budgétaire réduisent, eux aussi, le volume de leurs investissements. Même l'Europe – qui serait un niveau d'intervention pertinent – est déjà dans des discussions filandreuses au sujet des 300 milliards d'investissements prévus par le plan Juncker. Ceux-ci ne sont pas financés et supposeraient le recours à des " project bonds " dont le principe ne recevra probablement pas l'assentiment de plusieurs pays majeurs de l'Union.

Tous ces projets différés conduisent à comprendre ce qu'est la déflation : c'est une attaque du niveau général des prix par une vague diffuse et large de reports de décisions. L'attentisme a priori astucieux au plan micro-économique se transforme en sinistre au plan macro-économique.

Dans une intervention tenue en cours d'été (Aix-en-Provence , 5 juillet 2014), le gouverneur Christian Noyer (Banque de France) avait d'abord relevé que " nous avons fait beaucoup de réformes mais le crédit, en tout cas, le crédit bancaire n'est pas au rendez-vous " puis il avait ajouté : " nous avons des politiques monétaires extrêmement accommodantes mais l'inflation reste faible et s'inscrit, parfois même, en diminution. (...) L'inflation se situe dans tous les pays à un niveau jugé insuffisant, voire dangereusement bas. (...) S'il est très exagéré, aujourd'hui, de parler de déflation, la faiblesse de l'impact de l'assouplissement monétaire peut surprendre ". Effectivement, cette dernière phrase est cruciale : même le gonflement spectaculaire du total du bilan de la BCE sous l'effet des achats d'actifs ou des opérations de liquidité ne semble pas en mesure de freiner la spirale déflationniste. Si l'économie est plus complexe qu'au temps de la déflation Laval de 1935, il n'en demeure pas moins que la notion de report précité ci-dessus va avoir un effet sur les comptes des entreprises. En effet, ceux-ci ne sont plus établis en valeur historique mais en valeur de marché. Autrement dit, c'est la première fois qu'une déflation va se faufiler à travers les obligations normatives issues des IFRS. Nous y voyons un grand risque de réajustements à la baisse des valeurs bilancielles donc un courant chaud pour alimenter le processus déflationniste via des destructions de valeurs. Ceci ne pourra qu'entraîner une sélectivité accrue du crédit (puisque les " book-value " seront dégradés mécaniquement) voire un renforcement du resserrement de la distribution de crédit (" credit-crunch ").

L'économiste du FMI, Olivier Blanchard, cite à raison (in " Macroéconomie ", page 477) un article de 1983 de Ben Bernanke : " Nonmonetary effects of the financial crisis in the propagation of the Great Depression " : " On trouve une demande non satisfaite de crédit par des emprunteurs solvables, qui auraient pu faire une utilisation économiquement valable du capital. La somme de ces demandes insatisfaites a été un facteur significatif, parmi d'autres, du retard de la reprise ". Comment ne pas transposer cette analyse à notre situation continentale présente ?

Par le rôle central de la monnaie et des conditions de sa circulation dans l'économie (le pouvoir de création monétaire des banques), la déflation n'est pas le symétrique de l'inflation. C'est un phénomène infiniment plus complexe qui conduit à réfléchir à l'aide de la finance comportementale notamment développée par les travaux de Daniel Kahneman (prix Nobel d'économie 2002) et permet de pleinement valider les propos du gouverneur Noyer quant aux limites, in concreto, de l'HEM : hypothèse d'efficience du marché.

En Europe, nombre de marchés ne sont pas efficients : c'est précisément ce millefeuille d'inefficiences conjuguées qui risque de rendre encore plus délicate à élaborer une stratégie publique d'anti-déflation, une stratégie capable d'être opérante par-delà les anomalies de marché stigmatisées par Richard Thaler.

Si les prix baissent – ce qui est déjà une évidence dans les filières de sous-traitance -, il y aura une pression forte pour que les salaires soient, eux aussi, atteints par ce mouvement. La France et son modèle social pourraient-ils l'accepter ? Rappelons que l'entretien de la déflation puissante vient précisément du décrochage concomitant des prix et des salaires. Il y a là de futurs choix publics majeurs. Des choix sociétaux d'envergure décennale, a minima pour qui songe à l'exemple japonais.

L'article 9 du Code de procédure civile énonce : " Il incombe à chaque partie de prouver conformément à la loi les faits nécessaires au succès de sa prétention ". De même, en matière de déflation, chaque partie devra justifier du bien-fondé de son prix, tenter d'être "price-maker" alors qu'il sera, conformément à la lecture toujours fructueuse de Léon Walras qu'un simple " price-taker " même en situation fréquente d'oligopole. Déflation est donc le mot honni, celui du grand défi.

XXIX

Jean Tirole : notre prix Nobel d'économie

L'économiste Jean Tirole vient de se voir attribuer le prix Nobel pour son " analyse de la puissance du marché et de la régulation ". Consécration incontestable de ses travaux qu'il faut ici rappeler et tenter de résumer.

Jean Tirole sera donc, après Maurice Allais et Gérard Debreu, le troisième prix Nobel d'économie français dont il faut souligner qu'il a effectué ses recherches tant en France qu'aux Etats-Unis, en particulier au célèbre M.I.T. En particulier sur la théorie des jeux.

Notamment ancien élève de l'école Polytechnique, il se caractérise tout d'abord par une compétence reconnue en économétrie. Il s'inscrit donc dans la lignée de fondements posés par Ragnar Frisch (inventeur du mot de macroéconomie) et Irving Fisher qui avaient installée, dès 1930, la Société d'économétrie (Econometric society).

En première approche, voilà donc un économiste qui cherche à « favoriser les études à caractère quantitatif qui tendent à rapprocher le point de vue théorique du point de vue empirique dans l'exploration des problèmes économiques ».

Il convient de recommander la lecture du livre de Bernard Walliser : " Comment raisonnent les économistes ? Les fonctions des modèles " (paru en 2011) qui permet d'aborder plus efficacement la prise de connaissance des œuvres de Jean Tirole. Citons Walliser : " Un phénomène social peut donner naissance à des explications multiples, généralement incompatibles entre elles. (...) Deux types d'explication peuvent être proposés selon qu'on s'intéresse à un phénomène générique ou spécifique. Une explication nomologique (ou nomothétique) s'intéresse aux principes généraux H qui rendent compte d'une classe de phénomènes qui diffèrent quant aux conditions particulières h. Il s'agit d'expliquer pour quelles raisons générales telle ou telle classe de phénomènes est susceptible de se produire. Une explication idiographique (ou idiothétique) s'intéressent aux conditions particulières h qui rendent compte d'un phénomène spécifique k, compte-tenu de principes H donnés. Il s'agit alors de comprendre les raisons particulières pour lesquelles tel phénomène se produit dans un contexte donné. "

A l'heure présente, c'est ce type d'approche et de fonction syllogistique qui peuvent contribuer à éclairer le risque d'occurrence de la déflation en zone euro voire en Europe.

Jean Tirole n'est toutefois pas qu'un érudit isolé, il est un acteur engagé : ainsi a-t-il proposé en 2003 aux côtés d'Olivier Blanchard (Chief economist du FMI) une taxe qui viserait les licenciements et aboutirait à graduer les cotisations des entreprises à l'assurance-chômage selon leur taux de licenciement.

Ainsi, il est fondamental de mesurer que Jean Tirole est tout à la fois un économètre mais aussi un homme d'économie politique ouvert vers d'autres disciplines qui permettent un cumul de savoirs, afin de tenter de mieux cerner les grands défis sociétaux.

A ce titre, on ne peut qu'être hautement admiratif face à un prix qui lui a été décerné en 2010 : le prix Claude Lévi-Strauss qui consacre la qualité de travaux en sciences sociales.

Econométrie et sciences sociales sont délicats à faire converger : Jean Tirole a su maîtriser plus d'un obstacle méthodologique.

Enfin, Jean Tirole est aussi un économiste connu pour ces recherches sur la régulation. Autrement dit, ses travaux ont aussi porté sur les conditions acceptables d'encadrement voire d'endiguement des forces du marché.

A ce stade, il faut rappeler un point souvent méconnu : notre pays a su faire prospérer un courant de pensée, nommé " théorie de la Régulation ", conceptualisé par Robert Boyer, Jacques Mistral et Michel Aglietta.

Pour ses créateurs, il existe une architecture donnée, à un instant t, des formes institutionnelles : par exemple du rapport du salariat ou des relations sociales et de l'Etat. Cette idée de contextualiser l'économie dans un rapport à l'Histoire n'est pas partagé par la communauté des économistes.

Beaucoup croit y voir un retour du déterminisme marxiste et du fameux sens de l'histoire. Pour Jean Tirole, ses travaux sont clairs : dans le cas de l'économie industrielle, il y a datation de certains processus.

Pour terminer, le prix Nobel de ce jour est aussi un auteur prolifique quant à la crise et quant à la régulation des banques. Dès 1997, dix ans avant les sub-primes, Bengt Holmström et Jean Tirole ont démontré l'urgence d'imposer aux banques un montant de fonds propres en proportion avec le volume de leurs actifs risqués.

A rapprocher des travaux de la commission Lamfallussy et de la supervision bancaire en cours de déploiement en Europe suite au rapport du gouverneur Liikanen.

Ouvert à l'évolution des actifs (essor des immatériels et rapport sur la propriété intellectuelle co-émis avec Bernard Caillaud et Claude Henri) donc aux destins de groupes comme LVMH ou L'Oréal, ouvert aux sciences économiques transversales tout autant qu'au carrefour économétrique contemporain, ouvert au fait social, Jean Tirole est donc un économiste de véritable envergure qui mérite nos sincères félicitations collectives.

Henri Poincaré a écrit (in La science et l'hypothèse) : " Une accumulation de faits n'est pas plus une science qu'un tas de pierres n'est une maison ".

Dans l'œuvre et la vie de Tirole, les faits sont accumulés et soumis à un tel ordonnancement qu'il est bien question de science et de remarquable contribution à la maison commune.

L'apport ambigu des déclinologues

XXX

Eric Zemmour : le slalom de la peur

Eric Zemmour et son intelligence auraient pu contribuer à l'élaboration de pistes afin de sortir de notre crise sociétale. A défaut, il exécute un curieux slalom dont la peur est la boussole.

La crise est durable, autant que la crise sociale. Avec 9 millions de personnes en précarité voire en pauvreté avérée, le doute sociétal se répand à la vitesse d'un cheval au galop.

Parlant de cheval, Eric Zemmour préfère le temps des fiacres et affirme ne pas aimer notre siècle, au profit du XVIIIème. Le sociologue Alain Touraine a démontré qu'il faut un minimum d'empathie avec la situation observée pour être en capacité d'en rendre compte analytiquement...

" Le suicide de la France " mérite d'être lu. Que l'on soit en symbiose ou en désaccord, répétons-le ce texte mérite lecture. D'évidence, on y retrouve un condensé de peurs : peur de l'islamisation de la France (mot d'invasion utilisé dès l'emplacement 253, livre numérique Kindle), de son déclin, du délabrement de son système éducatif, du projet européen, etc.

L'auteur nous envoie des messages où le brassage des sources nous fait croire à son discours. C'est sa force. Oui, c'est un homme de persuasion. Mais croire un instant – le temps d'un déclic de smartphone -, ce n'est pas équivalent à la situation de devenir un lecteur convaincu. Pour une simple raison : les faits sont agglutinés tels des abeilles voulant rentrer dans une ruche et le taux important d'imprécisions – maîtrisées – nuit aux diagnostics.

Exemple ponctuel. Chapitre nommé 1970, mort du Général de Gaulle : " Il pleut sur le char qui porte le cercueil ceint d'un drapeau tricolore. " Il faut savoir être précis et respectueux lorsqu'on traite de sujets qui intéressent nos Armées. Loin d'être un char, le Général reposait sur un Panhard EBR (engin blindé de reconnaissance) dépourvu de sa tourelle.

Plus consistant : " Nixon voulait engager à son service l'homme qui avait écrit le message du président Pompidou : " Le Général est mort, la France est veuve. Comme cela est beau et comme c'est très français " s'extasiait-il. (209). On a le droit d'être un lecteur pressé mais on peut aussi décrypter à mailles fines. Ecrire que l'homme de lettres qu'était l'ancien Président n'aurait pas su rédiger son intervention télévisée (source INA, durée 1 mn 26) et que " quelqu'un avait écrit le message " est inconvenant. Que le lecteur se rapporte à Alain Frèrejean (" C'était Georges Pompidou ", Fayard, 2007). Monsieur Zemmour nous confiera-t-il le nom du rédacteur – allégué – du message pompidolien ?

Le regard sur la condition féminine confine à l'absurde puisqu'elle n'est réalisée qu'à charge et que l'auteur ne sait qu'être un Torquemada moderne. Depuis la loi Neuwirth jusqu'à la loi de juin 1970 définissant l'autorité parentale. " On oubliait que la famille n'avait jamais été conçue dans la nuit des temps comme le lieu privilégié de l'amour et du bonheur privés, mais comme l'institution matricielle qui permettrait de fonder un peuple, une société, une nation. " (308). Certes...

Quel dommage de ne pas relier Olympe de Gouges, Marie Curie, Simone Veil, Claudie Haigneré ou Anne Lauvergeon pour se cantonner dans une description noire Soulages du déclin du modèle du pater familias, de la primauté de l'homme sur " bobonne". Quelle insulte à nos avancées sociétales !

Ni feu Raymond Barre, ni Jean-Hervé Lorenzi, ni les "économistes atterrés" ne poseraient longtemps leurs yeux sur les lignes du soi-disant suicide français. Il faut la rigueur analytique d'un Nicolas Baverez pour pouvoir se hisser au rang de déclinologue.

Eric Zemmour utilise de manière pernicieuse une méthode lorsqu'il traite d'économie : il a recours – sans frein ni modération – à l'enthymème qu'Aristote définissait ainsi : " L'enthymème est composé de termes peu nombreux et souvent moins nombreux que ceux que constituent le syllogisme. En effet, si quelqu'un de ces termes est connu, il ne faut pas l'énoncer; l'auditeur lui-même le supplée."

Chaque chapitre est une porte de son slalom et hélas un corridor vers le déni existentiel de l'autre avec un A majuscule. Hélas, car tant de brio intellectuel mériterait d'être mis au service de la notion de fraternité. L'heure est à la créativité et à l'innovation (au ski hors-piste, en somme) et non à un chapelet d'idées souvent déjà lues.

L'anti-américanisme de l'auteur pousse à garder en mémoire Gérard Vincent (" Les jeux français ", 1978 : chapitre 13 " l'américanosphère ".)

" La France n'échappera à l'assujettissement qui la menace que si elle ouvre les yeux sur les grands défis de l'époque et s'emploie à y répondre. " (André Fontaine, " La France au bois dormant " 1978). Il est troublant de relire des extraits de ces différents livres. Certains diront érudition, d'autres diront – dans un style british – que tout skieur démarre son slalom après le passage de l'ouvreur.

Lire Zemmour suppose de ne pas omettre le mode d'emploi, " la théorie du texte comme une hyphologie, de hyphos : toile d'araignée " (Roland Barthes).

Ainsi, l'auteur ose écrire " En France, personne ne s'intéresse au droit " (410) ce qui remplira d'allégresse vinaigrée les lecteurs du Cercle Les Echos qui sont souvent des praticiens accomplis des matières juridique et judiciaire. S'en suit une critique à boulets vifs du Conseil constitutionnel dont la teneur est fort voisine de " L'opinion dissidente " de René de Lacharrière (revue

Pouvoirs, 1980, n° 13). Lire Zemmour, c'est donc retrouver des idées déjà énoncées ?

Son analyse du monde politique est souvent très fondée : sur ce plan, Zemmour est le Jean-Claude Killy du décryptage.

Killy, c'était les J.O de 1968 : une date qui génère un trop-plein phobique pour l'auteur. Evidemment quand une société se met en marche, ses sujets deviennent citoyens comme l'a souvent dit le visionnaire Antoine Riboud.

Quand André Kaspi s'étonne " que l'on multiplie les journées de repentance pour satisfaire un groupe de victimes " (sic), Eric Zemmour énonce alors : " Après ces fortes paroles, on ne fit rien. Les journées commémoratives sont désormais un droit acquis au nom de " la réconciliation des mémoires ". Une belle antiphrase " (5741).

Et alors ! L'unité d'un pays qui a parfois vu s'opposer des franges de sa population mérite ces heures d'introspection collective. Raboter des quais pour des trains trop larges nous coûtera plus cher que ces journées qui éloignent l'odeur des chairs meurtries par les sinistres méandres de l'histoire nationale.

Zemmour ajoute : " Chacun rêvait de devenir victime, et d'acquérir la puissance – réelle et fantasmée à la fois – que cette condition victimaire avait apportée aux Juifs " (5741). Le lecteur jugera.

Remettant en cause les travaux de Robert Paxton qui " jugeait que l'antisémitisme d'Etat de Vichy avait précédé, favorisé, décuplé l'extermination nazie " (1278), l'auteur avance avec une détermination entière, qu'avec " l'appoint de Klarsfeld, la doxa paxtonienne est indestructible. Incontestable. Incontestée. Pourtant la question subsiste, lancinante. ". En est-on si sûr ? Plus loin se tient une phrase-clef : " Des historiens comme Robert Aron rappelaient que la France vaincue, sous la botte allemande, était soumise aux pressions permanentes de Hitler. Les mêmes expliquaient le bilan ambivalent de Vichy par la stratégie adoptée par les Pétain et Laval face aux demandes allemandes : sacrifier les Juifs étrangers pour sauver les Juifs français." (1249).

Les pages qui suivent ce début de réinterprétation de l'histoire claquent pour dire ce que pense Eric Zemmour. Pour ma part, ma vie d'économiste – je n'évoque donc pas des points personnels – m'a fait travailler des années avec Francis-Louis Closon, Compagnon de la Libération, directeur des finances de " La France libre " à Londres, puis Préfet à Lille en 1944 et directeur de l'INSEE. Dans son livre " Le temps des passions ", il y a les réponses aux questions que se posent l'auteur du " Suicide français ". En Sorbonne, j'ai travaillé pour et avec le doyen Henri Bartoli, " Juste parmi les Nations " (1988) et il m'a rapporté la peur terrible des juifs de France (Français ou non) dès les lois antisémites de fin 1940. Même en ayant été plus d'une décennie commissaire aux comptes, je ne sais pas compter entre les déportations de juifs étrangers et celles de juifs français. Comme l'a si bien incarné le Cardinal Lustiger : chaque homme doit pouvoir rester en possession de sa condition d'homme.

Trouver des mérites au régime de Vichy qui aurait su préserver les Juifs français du funeste destin des " autres " est un exercice périlleux. Il suffit de relire les minutes du procès Papon pour comprendre l'inanité factuelle de ces affirmations par-delà leur caractère aussi outrancier que choquant.

Lire Zemmour c'est donc se méfier de l'hyphologie précitée qui précipite le lecteur vers des analyses insoutenables et dignes d'une salle de médecine légale.

Depuis le 11 septembre 2001, le XXIème siècle ne sera pas paisible. Depuis l'explosion des flux migratoires, le vivre ensemble devient complexe. Depuis l'émergence de nouveaux pays, notre Europe est face à un sérieux défi économique.

Alors, pourquoi n'escompter qu'un " salaire de la peur " quand l'auteur aurait pu être un skieur de descente : un homme de ligne droite. Tel que l'était Stanley Hoffmann : " Essais sur la France, déclin ou renouveau ? " (1974).

40 ans après, sa question reste centrale : " Le rôle de la France sera-t-il autre chose qu'une survivance ? " Nous y pensons tous. Avec appréhension mais volonté de faire. Ce faire où faillit Zemmour.

Le lecteur ne sort pas indemne de ce pamphlet qui a les proportions d'un essai mais ne sera pas le dictionnaire de notre avenir collectif.

Après cette lecture d'un homme d'exception qui voit notre nation suicidée, je suis allé me replonger dans quelques feuilles noircies par Aristide Briand qui croyait aux valeurs du siècle des Lumières et qui a su œuvrer pour la réconciliation de l'humanité.

XXXI

Eric Zemmour, respectez notre Europe !

Eric Zemmour est un esprit brillant et parfaitement conscient de ce qu'il écrit, mieux de ce qu'il avance et ainsi des causes qu'il entend défendre avec vigueur.

Frontalement ou sur un mode mezzo voce pour mieux cheminer selon des axes contestables et affranchis de toute digne méthodologie.

Nostalgique du temps des fiacres – il répète à longueur de temps qu'il n'aime pas notre siècle et préfère le XVIIIème -, il vient de publier " Le suicide français " qui est un livre délicat à classer car nourri d'une prétention universaliste qui emporte le lecteur à travers une palette de disciplines.

L'Europe n'est pas à la fête dans ce texte. Pire, on lui fait sa fête en déversant plus qu'en ne démontrant. C'est moralement inconvenant et de peu de portée pour le lecteur qui aime à réfléchir à mailles fines.

Propos introductifs :

L'objectif de la présente contribution ne relève pas d'une visée polémique : elle tentera d'examiner les points-clefs où Eric Zemmour et l'Europe se battent froid. Par conviction, je ne suis pas certain de l'opportunité de ce type de publication " qui sue la haine " pour reprendre un mot hâtif de feu Danielle Mitterrand à propos d'un magistrat instructeur.

Ayant écrit que ce livre est " le slalom de la peur " (voir chapitre précédent et site du *Cercle Les Echos* sous référence : http://lecercle.lesechos.fr/node/113657/), je respecte la somme incontestable de travail mais je récuse cette apogée de l'approximatif qui est le tatouage intellectuel indélébile des lignes de Monsieur Zemmour.

Dans ses « Réflexions sur la Révolution de France » publiées par Edmund Burke en 1790, il est rapporté (page 263, Editions « Pluriel ») que Mirabeau appelait Necker « l'homme de l'opinion » et qu'il a précisément été détruit par sa popularité.

« Les harangues adulatoires » ont nuit à son destin. Tel sera l'avenir du dernier Zemmour. Ce n'est qu'une question de temps. Et de réponses idoines que les progressistes sont dans l'obligation, hic et nunc, de prendre le temps de formuler sauf à accepter une roulette russe de haut péril à la présidentielle de 2017.

Le lecteur ne sort en effet pas indemne de ce pamphlet qui veut avoir les proportions d'un essai mais ne sera pas le dictionnaire de notre avenir collectif. L'auteur est trop loin de l'action et reste un pseudo-contemplatif.

Ce faire où faillit Zemmour est à l'opposé des millions d'heures qui ont été dédiées à la construction de l'Europe que d'aucuns voudraient désormais oser défaire pour se lancer dans un laissez-faire national où les mots d'autorité et de grand projet viendraient frontalement heurter ceux de libertés publiques et d'acceptation de l'Autre.

Au fond, les analyses de l'opinion française (menées par Roland Cayrol, Pascal Perrineaud, Gaël Sliman ou Dominique Reynié) rapportent que l'inconscient collectif demeure en accord avec l'idée que l'Europe est effectivement le bon niveau pour traiter des vrais sujets : protectionnisme tempéré, lutte contre les pollutions et dérèglements climatiques, sécurité bancaire (voir le travail consistant en matière de supervision bancaire), etc.

A cette Europe qui est une clef crédible pour juguler tout ou partie des cadenas de l'évolution, du " trend historique " que nous traversons, les citoyens pointent toutefois un doigt vengeur vers une monnaie qui leur parait être une partie des causes de leurs ennuis, vers des travailleurs publics assimilés à des technocrates hors-sol, vers des textes en rafale qui perturbent l'ordre précédent.

Certains d'entre nous se souviennent du bel emportement de feu Michel Crépeau (La Rochelle) qui face à un énième plan pêche édicté par Bruxelles avait vilipendé la prétention consistant à aller jusqu'à vouloir encadrer la disparition programmée des carrelets si typiques d'une partie de notre littoral atlantique.

Nos concitoyens demeurent parfois interdits au regard de l'intensité de l'immixtion européenne dans leurs vies quotidiennes. Même le regretté Crépeau avait eu des mots ciselés et rudes pour l'Europe que nous chérissons par ailleurs.

Si l'Europe n'est pas rejetée, elle doit se racheter par des décisions aussi lisibles que fortes. Pour étoffer son crédit. Pour servir ses peuples. Pour démontrer, in concreto, qu'elle peut s'identifier à un bouclier par ces temps de crises.

Chez Eric Zemmour, sa décision aussi lisible que forte est de censurer l'Europe, de la rejeter " en bloc et en détail " (selon une formule empruntée à Jérôme Cahuzac) et de ne lui laisser aucun crédit temporel, spatial ou politique pour se racheter.

Autrement dit, telle l'incarnation de la Royauté de l'Ancien Régime, Eric Zemmour s'estime assez supérieur pour être ce que l'on nommait " fontaine de justice ".

Dès lors, le lecteur comprend mieux les affirmations qui l'emportent sur les démonstrations, le caractère sentencieux de certains paragraphes que l'intelligence incontestable de l'auteur aurait pu – et du – étayer pour construire un pont de convictions avec son lecteur plutôt que l'envie de le pilonner pour mieux l'aimanter.

La crise de l'Europe risque fort d'être durable, autant que la crise sociale. Avec neuf millions de personnes en précarité voire en pauvreté avérée pour la seule France, le doute sociétal se répand à la vitesse d'un cheval au galop.

Parlant de cheval, Eric Zemmour qui préfère le temps des fiacres (rappelons-le encore et encore) est de facto en opposition avec l'estimé sociologue Alain Touraine qui a démontré qu'il faut un minimum d'empathie avec la situation observée pour être en capacité d'en rendre compte analytiquement...

Eric Zemmour n'aime pas les dirigeants de notre Vème République à l'exception du Général de Gaulle. Eric Zemmour n'aime pas notre temps. Eric Zemmour n'aime rien de notre Europe : ni sa monnaie, ni sa démocratie représentative, ni son droit, etc.

Pure question de méthode empruntée à la médecine : l'estime réciproque du patient et de son praticien font partie de l'émergence du diagnostic et mieux, de l'étiologie qui est une voie d'accès à la rémission voire à la guérison.

Eric Zemmour n'est pas guéri de ses nostalgies un rien pubères du prestige supposé des guerres napoléoniennes. Il n'inscrit pas l'avenir de la France ailleurs que dans le risque d'une " guerre civile " (sic). Alors, chers lecteurs, comment pourrait-il comprendre ce projet européen né de la volonté de paix ?

Comment pourrait-il faire l'étiologie des dysfonctionnements de l'Europe présente alors qu'il la souhaite défunte ?

De cette introduction, il faut retenir que l'on ne peut juger d'un fait historique que si on présente un profil psychologique d'autant plus humble que le décryptage est complexe. Monsieur Zemmour n'aime tellement pas l'Europe qu'il ne peut prétendre à sa bonne et valable compréhension. Il en est encore au temps du célèbre mot de François Mauriac : " J'aime tellement l'Allemagne que je préfère qu'il y en ait deux ".

S'il relevait de l'espèce animale, je ne sais pas qui serait Zemmour mais il ne serait pas un oiseau car ses peurs de géant l'empêchent de marcher.

" L'oiseau construirait-il son nid s'il n'avait son instinct de confiance au monde ? " Gaston Bachelard, in " La Poétique de l'espace.

Cette phrase claire engendre une large part de notre détermination.

◊ **Sur le couple franco-allemand :**

Au risque de trivialité, il est toujours utile de rappeler que l'analyse marxiste impose de donner pleine considération à la force du couple franco-allemand. D'abord, au nom des trois conflits (de 1870 à 1940) qui modèlent notre mémoire et ont tant modifié la prospérité de l'Europe occidentale. Puis, au nom de nos potentialités communes qui vont au-delà de l'Airbus et recouvrent des dizaines de domaines. Enfin, parce que la crise rôde et que l'Allemagne lassée du système européen pourrait fort bien tabler sur son hinterland pour achever le projet de Mitteleuropa que d'aucuns chérissent et stimulent déjà Outre-Rhin. (voir chapitre I et article sur site *Les Echos* : Allemagne : de l'hinterland à la Mitteleuropa " sous référence http://lecercle.lesechos.fr/node/109477/).

Les Soviétiques rêvaient dans les années 80 d'un découplage de la RFA vis-à-vis de l'Ouest. Certaines forces économiques rêvent, en cohérence avec une dynamique marxiste matérialiste et une fierté nationale, d'une Allemagne pivot d'un nouvel ordre européen. Fiction ? Non, suivant la lecture de certains textes en vogue. Fiction ? Oui, " je le crois parce que je l'espère " (Léon Blum).

De la Mitteleuropa, Eric Zemmour ne parle pas. La prospective n'est pas son fort. Il préfère porter un regard sur l'histoire du XXème siècle qu'être un possible éclaireur du XXIème. C'est ainsi et les citations qui suivent en attestent.

Au plan instrumental, les références attachées aux citations – le chiffre entre parenthèses – correspondent à la notion " d'emplacement " dans la version du livre numérique sous format Amazon / *Kindle*.

- Sur la causalité guerrière : (625)

" Alors, la Grande-Bretagne s'allie à l'ancien ennemi français pour contenir la menace de la nouvelle puissance continentale : l'Allemagne. Cette lutte entraînera une guerre de trente ans (les deux guerres mondiales) et quelques millions de morts. Un siècle plus tard, il faut remplacer l'Angleterre par les Etats-Unis, la France de Napoléon par l'URSS, et l'Allemagne par la Chine, par l'empire du milieu...de l'Europe, par l'empire du Milieu. Mais c'est toujours le même affrontement entre la mer et la terre ".

Zemmour est dégusté par certains – aux profils de thuriféraires - comme un savoureux petit four. On peut aussi ne pas trouver savoureuse ses assimilations historiques trans-séculaires qui finissent par un jeu de mots (empire du milieu) sans nous avoir épargné le peu d'élégance de l'expression " quelques " (sic) millions de morts. En fait, lorsque la France de 1939 vint en aide à la Pologne, tout ceci me parait fort terrestre et loin de la supposée opposition terre-mer que l'auteur veut nous imposer.

Quant à l'idée que l'alliance avec les Britanniques (l'Entente cordiale) soit le siège du foyer de déclenchement des deux guerres mondiales, le lecteur jugera en gardant en mémoire les suppliciés de la guerre d'Espagne (le conflit du rodage), l'Anschluss ou l'annexion des Sudètes. Quant un auteur porte une telle vision des causes des deux conflits majeurs du XXème siècle, il ne peut traiter de polémologie avec feu le professeur Guy Pedroncini ou le Général Gallois.

Dans sa relation erronée au temps passé, Eric Zemmour se place sur le banc de touche et ne peut que mal appréhender les fondements fort complexes de la relation franco-allemande. Le 22 septembre 1984, lui-Président, n'aurait pas tendu sa main au Chancelier. Voilà le fond de l'affaire.

- Sur la vision du Général de Gaulle de l'amitié franco-allemande : (765)

"Sa vision carolingienne de l'amitié franco-allemande est consacrée en grande pompe par le traité de 1962 et la messe avec Adenauer à la cathédrale de Reims. De Gaulle a une conception de l'amitié qui tient plus de Richelieu que d'Aristide Briand : " La France est le jockey et l'Allemagne, le cheval ". Le dernier à s'être référé à l'empire de Charlemagne s'appelait...Napoléon".

Les gaullistes ont beaucoup publié et bien des mémoires de ceux-ci viennent fortement nuancer l'analyse de Zemmour. De Bernard Tricot (avec qui j'ai eu l'honneur de travailler en 1981) à Olivier Guichard, nombreux sont ceux qui ont souligné l'abnégation du combattant du 18 juin 1940 qui voulait vraiment pacifier les rapports franco-allemands. Loin d'une vision carolingienne aux relents anti-prussiens d'un Empereur – qui fût prompt à rétablir l'esclavage -, le Général de Gaulle était comme tous les grands militaires un vrai soldat de la Paix.

De manière très concrète, Zemmour ne peut comprendre l'Europe de 2014 précisément parce qu'il est follement approximatif dans son décryptage historique. Pour lui, le co-rédacteur du pacte Briand-Kellog est un utopiste ou un rêveur là où il est un des piliers non explicites du traité de Rome et de la suite de cette superbe construction de notre Europe. " Nous ne cherchons pas à coaliser des Etats mais à unir des hommes " Jean Monnet.

(778) : De Gaulle "ne cherche pas à séparer les combattants, mais au contraire à imposer sa tutelle à une Allemagne vaincue et divisée ". Le lecteur appréciera. Nous savons bien que le Général était un peu plus fin et doté de raisonnements moins frustres.

- Sur l'Allemagne et son absence de frontières naturelles : (3331)

" Avant et après le vote de la loi de 1982, le chœur des modernes nous rebattit les oreilles des indécrottables " retards " français, nous donnant en exemple les Generalidades espagnoles, les régions italiennes, les Länder allemands, et même les régions britanniques. Puis, vinrent les premiers craquements, les revendications indépendantistes de la Catalogne et du Pays basque, les vociférations de la Ligue du Nord, le lent travail de sape de la Flandre, l'indépendance en gestation de l'Ecosse. Au contraire de ce qu'on nous avait dit, les régimes les plus libéraux, les plus fédéralistes, n'avaient pas endigué les revendications séparatistes, mais les avaient encouragées (sauf en Allemagne). "

Eric Zemmour n'est ici nullement approximatif mais se heurte à l'asymptote cognitive, à son principe de Peter. Car enfin, comment accepter que deux sujets majeurs soient ainsi traités sur un coin de table ? D'un côté, il faut prendre en compte, prendre en considération les revendications régionales souvent émises par des territoires économiquement performants (par effet relatif aux autres régions du même Etat-Nation considéré). Pour ma part, je peux concevoir cette clameur non dénuée de ferveurs populaires mais je m'interroge sur la capacité de l'Union européenne en matière de réponse à cette montée inexorable des forces centrifuges. D'un autre côté, l'Allemagne n'a pas la même logique. L'honorable Alfred Grosser a maintes fois affirmé et démontré que l'Allemagne a davantage un sentiment collectif d'appartenance qu'une logique géographique de frontières. Elle le démontre depuis plus de dix ans par le volume de ses investissements privés directs effectués dans son hinterland. Songeons à ce qu'était Skoda avant ses liens avec VW.

Donc, l'auteur Zemmour est en grève intellectuelle et refuse de poser la question de l'irrédentisme allemand post-réunification. Dommage car il aurait peut-être su écrire des pages convaincantes. Sait-on jamais ?

En l'état actuel de nos connaissances, se limiter à l'énoncé rapide de la question régionale sans creuser puis omettre l'irrédentisme allemand sont deux éléments que l'on ne peut pas porter au crédit de l'auteur et ce, de manière clairement irréfragable.

- Sur les propos aux relents qui éloignent de l'Europe de demain : (3413)

Evoquant le match de Séville – football, 1982 -, Zemmour juge opportun d'écrire : " La France, c'était l'union latine chère à Napoléon III : Hidalgo, Platini, Amoros, Genghini, Larios, Tigana, Janvion et Trésor. L'Allemagne, c'étaient des grands blonds dolicocéphales ". Ici, nous sommes dans l'emphymème car certains lecteurs vont continuer les pointillés suggérés par Zemmour qui sait qu'il est au-delà de la ligne jaune de la décence, du droit et finalement de l'honneur. Je ne me souviens pas si Marius Trésor était un petit blond aux yeux bleus, je ne me souviens que de son jeu - fait de célérité et de fair-play – et de son beau palmarès dans l'équipe d'un pays nommé la France qui a vu naître Condorcet ou Clémenceau.

L'Europe de demain sera métisse comme le titre de cette chanson de Yannick Noah et nulle politique ne pourra empêcher cet état de faits.

Il faut donc fermer la chasse intellectuelle à l'immigré et ouvrir la pêche aux idées qui bâtiront un Etat de droit matérialisant le " vivre ensemble " et " l'état des forces en présence que fige le droit " (Doyen Maurice Hauriou).

Eric Zemmour aura faux sur notre avenir collectif, c'est patent. Moins épatant, ses propos sont ici des faux utilisées pour moissonner des hectares de chardons dont les racines vont hélas loin dans la conscience populaire en état de désespérance sociale. Et hélas loin dans notre histoire pour qui se souvient de Jacques

Chardonne. Quand on pense comme l'auteur, on ne peut pas prétendre à la compréhension de la construction européenne qui ne veut pas avoir peur de ses citoyens mais les protéger et assurer leurs essors collectif et individuel.

Même entourée d'une tavaïolle, les écrits précités sur le match de 1982 sont plongés dans le vice et sont destinés à frouer des nuées d'électeurs avec des petits sons que les leçons du passé inscrivent au passif absolu de l'humanité.

- Sur l'énoncé d'une vérité (3341)

François Mitterrand : " il mettait l'alliance avec l'Allemagne au-delà de toute autre considération ". Par-delà l'opportune véracité historique de ce fait, l'auteur nous montre donc que la mesure et la retenue peuvent faire partie de son savoir-faire. Même si son goût est pour le débat sans " argumentaire trop rationnel refusant les effets de manche et la mauvaise foi " (5356) à propos du débat entre le président de la République et Philippe Seguin en Sorbonne en 1992. Savoir-faire mais freinte en matière de savoir-vivre : un duo gênant pour échanger sérieusement sur l'Europe.

- Sur le mépris rédactionnel et sa dangereuse portée (3496)

" Ils se rallièrent donc à la solution qu'ils crurent la plus raisonnable, celle de la haute administration et de Jacques Delors, collant au Mark comme un petit se met derrière son grand frère dans la cour de récréation, pour s'assurer de sa protection en échange de sa soumission. Notre politique monétaire mise ainsi entre les mains de l'Allemagne, la monnaie unique européenne édifiée sur les canons germaniques devint une suite logique, inéluctable ".

En tant que lecteur, je ne peux me résoudre à lire ce style empli de mépris rédactionnel et d'approximations. Le duo Kohl-Mitterrand a conçu l'accord de la France pour les modalités de la réunification allemande et l'accord de l'Allemagne pour l'abandon du mark au profit d'une monnaie commune. (sources Hubert Védrine et alii). Comment parler de cour de récréation alors que le fait politique fût aussi maîtrisé que majeur ? Tant de mépris est lourd de sens sur l'être Zemmour. " Toute forme de mépris, si elle intervient en politique, prépare ou instaure le fascisme ". Albert Camus, in " L'Homme révolté ".

De surcroît, l'actualité des derniers mois a montré l'évolution de la politique monétaire issue des impulsions du président Mario Draghi. Et vient démentir les propos d'Eric Zemmour sur RTL (débat du 9 octobre 2014) 19 heures 15 avec Alain Duhamel).

- Sur le salaire minimum en Allemagne (4643)

" Le SMIC n'existait pas en Allemagne jusqu'en 2014 ". C'est une grande approximation car il existe depuis longtemps un salaire minimum par branche (du fait d'IG Metal par exemple) à quelques exceptions notables près : l'agriculture.

- En conclusion de section : coïncidence ou clin d'œil (5088)

" En 1989, l'incroyable et ironique coïncidence qui liait le bicentenaire de la Révolution française et la chute du mur de Berlin faisait une nouvelle fois basculer l'Histoire." Pour Eric Zemmour, c'est une coïncidence. La rationalité est bonne conseillère – je lui concède bien volontiers - mais au regret d'imposer un propos personnel appuyé , je reconnais qu'avec des amis proches nous n'avons pu contenir, en 1989, quelques larmes de joie en pensant à la liberté retrouvée en RDA. Oui, c'est une coïncidence avec notre Révolution ou alors un clin d'œil des esprits des Lumières qui ont éclairé, telle la voie lactée, ce pan de voute céleste de 1989. Avec en prime de la sagesse sans limite du président Gorbatchev l'activisme d'un pape venu de l'Est.

Quelle puissance harmonieuse !

Que de questionnements sous-jacents !

◊ **Sur la patiente construction européenne :**

Dans tout son ouvrage, l'auteur dénigre la construction européenne. Non seulement, il n'y croit pas mais l'imagine vassalisée par les Etats-Unis (et sans l'Europe, ne le serions-nous pas davantage ?), minée de l'intérieur par le Royaume-Uni (ce qui effectivement mérite discussion) et dominée par l'Allemagne : sa bête noire tout autant que sa Nation de référence. Eric Zemmour nous envoie des messages où le brassage des sources nous fait croire à son discours. C'est sa force. Oui, c'est un homme de persuasion. Mais croire un instant – le temps d'un déclic de smartphone -, ce n'est pas équivalent à la situation de devenir un lecteur convaincu. Pour une simple raison : les faits sont agglutinés tels des abeilles voulant rentrer dans une ruche et le taux important d'imprécisions – maîtrisées – nuit aux diagnostics.

Ni feu Raymond Barre (ancien haut fonctionnaire de la Communauté européenne), ni Jean-Hervé Lorenzi, ni les "économistes atterrés" ne poseraient longtemps leurs yeux sur les lignes du soi-disant suicide français. Il faut la rigueur analytique d'un Nicolas Baverez pour pouvoir se hisser au rang de déclinologue.

Est-il réaliste et sincère d'écrire, en fin d'ouvrage, des phrases dont le caractère définitif sera puissamment démenti par la vie des Nations : " La France se meurt, la France est morte. Nos élites politiques, économiques, administratives, médiatiques, intellectuelles, artistiques crachent sur son cadavre fumant. Elles en tirent gratification sociale et financière. Toutes observent, goguenardes et faussement affectées, la·France qu'on abat; et écrivent d'un air las et dédaigneux, " les dernières pages de l'Histoire de France " " (Fin du livre : 7929).

Après les approximations liées au couple franco-allemand examinées supra, convenons que le propos est tonique. On pourrait dire que l'on mélange Malraux (" Les chênes qu'on abat ") à Boris Vian (" J'irai cracher sur vos tombes ") dans un univers mortifère qui est allégué et non démontré. Le risque de déclin de l'Europe (

"Plaidoyer pour l'Europe décadente ", Raymond Aron, 1977) est une réalité que nul ne conteste. Mais imaginer de grasses élites " crachant sur son cadavre fumant " est une outrance additionnelle, un papier tue-mouches pour citoyens déçus et un procédé mercantile pour asseoir une réputation d'auteur victime....

Avant d'examiner une approximation liée à un point de droit, il est requis de répondre à ces propos qui insultent (élites " goguenardes " ?) et rabaissent (élites " faussement affectées "). La trivialité sincère et directe des paysans du Morvan – dont certains m'ont éduqué – ou l'ironie dévastatrice de Michel Charasse étant inimitable, il reste le recours à une unique citation dont je prends la responsabilité de recouvrir le livre de Monsieur Zemmour : " On fait de la critique quand on ne peut pas faire de l'art, de même qu'on se met mouchard quand on ne peut pas être soldat " (Gustave Flaubert, in " à Louise Colet ", 1846).

Il est en effet non superfétatoire de relever qu'Eric Zemmour utilise de manière assez pernicieuse une méthode lorsqu'il traite d'économie ou d'histoire: il a recours – sans frein ni modération – à l'enthymème qu'Aristote définissait ainsi (1991 : 87-88) : " L'enthymème est composé de termes peu nombreux et souvent moins nombreux que ceux que constituent le syllogisme. En effet, si quelqu'un de ces termes est connu, il ne faut pas l'énoncer; l'auditeur lui-même le supplée. Si par exemple, on veut faire entendre que Dorius a vaincu dans un concours avec couronne, il suffit de dire qu'il a gagné le prix aux jeux olympiques, et il n'est pas nécessaire d'ajouter que les jeux olympiques sont un concours avec couronne, car tout le monde le sait."

(420) : " En France, personne ne s'intéresse au droit. C'est pourtant en ce jour du 16 juillet 1971 que nous avons abandonné sans le savoir les rivages de la République, fondée depuis 1789 sur le suffrage du peuple, et que nous sommes entrés, les yeux fermés, sur le chemin cahoteux du gouvernement des juges ".

Libre à l'auteur de penser que le Conseil constitutionnel est excessivement présent dans notre ordre judiciaire et constitutionnel. Libre à nous d'estimer qu'il a souvent démontré sa capacité de défenseur des Libertés publiques. Cela s'appelle un point de divergence. Qui appelle toutefois deux remarques.

D'une part, la critique à boulets vifs du Conseil constitutionnel a une teneur fort voisine de " L'opinion dissidente " de René de Lacharrière (revue Pouvoirs, 1980, n° 13). Lire Zemmour, c'est donc retrouver des idées déjà énoncées ?

D'autre part, lorsque l'auteur ose écrire " En France, personne ne s'intéresse au droit " (420) - ce qui remplira d'allégresse vinaigrée les praticiens accomplis des matières juridique et judiciaire – c'est gommer l'intérêt croissant de citoyens adultes au regard du droit des successions (tout le monde a déjà perdu un proche), du droit du travail (occurrence des licenciements), du droit civil (ventes à domicile, cession immobilière).

Bref, l'auteur a déjà montré dans son duel avec Nicolas Domenach (chaîne d'information iTélé) son mépris pour la foule supposée inculte et sirotant, selon sa représentation, un soda sur un sofa. On retrouve là le péril de l'entourage gaullien qui avait fait dire à l'homme illustre que " les Français sont des veaux ".

Et l'Europe ?

Très simple chez Zemmour.

" Sa construction n'est que du droit " (sic) (RTL, 9 octobre 2014) et nous serions " sous la coupe réglée " de la BCE, la Commission et la Cour de Justice.

Ici, je décris le résumé des convictions de l'auteur là où les miennes me rendent admiratif vis-à-vis de cette patiente construction d'un espace démocratique de près de 500 millions d'habitants.

Probablement plus lecteur butineur qu'exégète lent – ce qui trace une ligne définitive entre nous – Eric Zemmour ne prise guère le droit. Il écrit : " L'ancien ministre de la Justice entra au Palais-Royal avec des rêves de Cour suprême plein la tête " (442). Selon moi, nous sommes tant redevables des actions et luttes menées par Robert Badinter.

Partant du principe que l'analyse zemmourienne n'aime pas le droit, elle conduit l'auteur à une erreur manifeste d'appréciation.

" A l'occasion de l'adoption du traité de Maastricht, en 1992, le Conseil constitutionnel a estimé qu'on devait modifier la Constitution pour la mettre en conformité avec le traité européen. Le texte suprême n'était plus suprême ".

Commençons par un point de sémantique et de précision textuelle : si le Conseil constitutionnel ne rend pas des Arrêts mais des Décisions, il n'en demeure pas moins juge. Ecrire qu'il a " estimé " est une formulation inutilement vexatoire au regard des heures de réflexion préalable au jugement du Conseil.

L'erreur de droit est nette : écrire que " le texte suprême n'était plus suprême " revient à nier l'esprit et la lettre de l'article 54 de la Constitution du 4 octobre 1958 que le Conseil constitutionnel a strictement respecté.

Pour mémoire : article 54 " Si le Conseil constitutionnel, saisi par le Président de la République, par le Premier ministre ou par le Président de l'une ou l'autre assemblée, a déclaré qu'un engagement international comporte une clause contraire à la Constitution, l'autorisation de le ratifier ou de l'approuver ne peut intervenir qu'après la révision de la Constitution. " Telle est la rédaction voulue par le Général de Gaulle et approuvée par référendum il y a 55 ans.

Précision non superflue : la loi constitutionnelle n°92-554 du 25 juin 1992 modifie en son article 2 l'article 54 supra et élargit la saisine du Conseil à 60 députés ou 60 sénateurs.

Les codificateurs de l'Europe ne sont pris que pour des pauvres hères par Zemmour and Co, ce qui limite la discussion d'autant que ces butineurs sont vite baratineurs plus que des gens de juste raison.

A preuve, cet autre extrait : " Nos juges sont restés avant tout des prêtres. Ultramontains. Bruxelles (et Luxembourg) n'est pas éloignée de Rome. Et la Déclaration des droits de l'homme a pris la place des Saintes Ecritures " (478). Je le concède, je préfère l'éventualité d'une nouvelle rencontre avec Monsieur Yves Bot ou Alice Pezard qu'avec un aficionado de la zemmour-idolâtrie.

L'auteur rapporte les propos de Jacques Delors : " L'exigence des règles du jeu communes explique que le Conseil des ministres a adopté 280 lois " (5469) et s'insurge là où, une fois encore, il faut admettre que l'Europe démocratique est consubstantielle de l'édiction de règles.

◊ **Sur le respect des hommes...et des femmes :**

Dans ses détestations, qui sont nombreuses, l'auteur pose chaque chapitre comme un corridor vers le déni existentiel de l'autre avec un A majuscule. Hélas, car tant de brio intellectuel mériterait d'être mis au service de la notion de fraternité et non de la coquetterie d'un auteur à visée populiste (et non populaire) qui respecte fidèlement le principe de Christian Plantin : " Le discours doit enseigner, plaire, toucher " (docere, delectare, movere).

Hélas, car l'heure est à la créativité et à l'innovation (au ski hors-piste, en somme) et non à un chapelet d'idées souvent lues précédemment.

Lire Zemmour suppose de ne pas omettre le mode d'emploi, " la théorie du texte comme une hyphologie, de hyphos : toile d'araignée " (Roland Barthes).

Lire Zemmour c'est hélas accepter de parcourir des lignes qui souillent les avancées sociétales (émancipation de la femme, etc) ou l'honneur des hommes.

Traitant d'Europe, comment ne pas lire avec componction et sourde colère ce que Monsieur Zemmour écrit au sujet de l'émerillonné et courageux Jean Monnet.

" Mais le Bundestag, travaillé par les Américains, et leur homme lige, Jean Monnet, ajoutèrent en 1963 un préambule rappelant la prééminence de l'alliance américaine et de l'appartenance à l'OTAN." Si l'on songe aux deux blocus de Berlin (ponts aériens requis) et aux troupes nord-américaines stationnées en Allemagne comme gage physique donnée à la RFA d'alors, on peut comprendre la décision de 1963.

Mais pourquoi faire de Jean Monnet une sorte de cinquième colonne issue de l'américanosphère ?

L'anti-américanisme de l'auteur pousse à garder en mémoire Gérard Vincent (" Les jeux français ", 1978 : chapitre 13 " l'américanosphère ".) et à trouver, une fois encore, des points de filiation. Il est troublant de relire des extraits de ces différents livres. Certains diront érudition, d'autres diront – dans un style british – que tout skieur démarre son slalom après le passage de l'ouvreur.

" L'Europe technocratique des bureaux s'avéra la camisole idoine pour empêcher le chien national et démocratique de mordre. Mais nos émules de Jean Monnet mirent quarante ans à trouver la bonne muselière../.." (5371).

" Et pour forger l'Europe fédérale, il fallait abattre la souveraineté nationale, quitte à détruire la démocratie. Jean Monnet et ses amis attendirent la chute du général de Gaulle.../..." (5379).

Ainsi donc, Monnet était à la solde des U.S.A et de surcroît un destructeur du processus démocratique.

Pour parler comme l'auteur, le sombrero est un peu large et la barge trop chargée.

Pour qui connait la vie monacale et de labeur de Jean Monnet, ces propos sont odieux et comme le " reclassement du coupable " n'est pas acquis, (Zemmour ne retirera pas une virgule en cas de deuxième édition) " que le dommage causé " n'est pas réparé et " que le trouble résultant de l'infraction " n'a pas cessé, les dispositions de l'article 132-59 relatives à la dispense de peine ne trouvent pas à s'appliquer.

Mais le monde moderne étant ainsi fait, l'auteur ne sera pas poursuivi non pour diffamation mais surtout pour dénonciation de faits imaginaires.

◊ Sur la mondialisation et le déclin français

Depuis le 11 septembre 2001, le XXIème siècle ne sera pas paisible. Depuis l'explosion des flux migratoires, le vivre ensemble devient complexe. Depuis l'émergence de nouveaux pays, notre Europe est face à un sérieux défi économique.

Le professeur Stanley Hoffmann l'a écrit dès 1974 : " Essais sur la France, déclin ou renouveau ? "

40 ans après, sa question reste centrale : " Le rôle de la France sera-t-il autre chose qu'une survivance ? " Nous y pensons tous. Avec appréhension mais volonté de faire. Oui de faire et non d'être un spectateur qui joue à n'être qu'un " pisse-vinaigre " pour reprendre un terme cher au Général de Gaulle.

En matière économique, mondialisation et risque de déclin de notre Nation sont effectivement de vrais sujets. Eric Zemmour n'en disconvient pas et tente de les aborder.

A cet effet, beaucoup de notions et de faits historiques y sont cités et pourtant ce n'est pas du tout un travail universitaire avec les sources documentaires que ce " Suicide français". Loin de la monographie et de ses agréments d'esprit, ce n'est pas non plus le fruit d'une recherche argumentée avec l'énoncé d'un plan et des subdivisions qui reflèteraient alors la puissance de raisonnement de l'auteur et partant sa structuration interne. Songeons ici, par exemple, à l'ordonnancement de " La société de confiance " d'Alain Peyrefitte ou des " Mémoires " de Jean-François Revel. Ni travail universitaire, ni restitution méthodique d'une recherche, les lignes issues du travail d'Eric Zemmour ne sont pas réductibles au statut d'essai.

S'il a effectivement la liberté de facture de l'essai, " Le suicide français " est surtout une séquence, d'inégale qualité intrinsèque, à valeur d'énoncé de convictions.

En amont de son expression écrite, l'auteur ne livre pas son substrat philosophique tandis qu'en aval il sort des dagues pour poignarder notre époque.

Dès lors, et c'est un point assez capital, il a une forme de cynisme quant au risque de déclin sur le mode " je vous l'avais bien dit ". Le passage sur la recomposition du capital d'Airbus est révélateur de ce fort penchant. (6639).

Puis, il est impératif de souligner qu'Eric Zemmour ne s'inscrit pas dans l'histoire de toute la planète. Le Doyen Pierre Bauchet (Paris 1) a su démontrer que la mondialisation s'explique " aussi" par la révolution des moyens de transport (automobile, avion) et par l'effondrement relatif des taux de fret maritime. Voilà des faits mais l'auteur, lui, fait du trapèze et parle de " contempteurs de la mondialisation qui haïssent les frontières " (1103) au sujet des écologistes, puis s'en prend à Bernard-Henri Lévy : " Dix ans avant la chute du mur de Berlin et les débuts de la mondialisation, BHL propose déjà le discours qui légitimera l'abolition des frontières ../..." (2862).

Plus loin, il écrit en parlant de la dérégulation financière de 1983 (Bérégovoy, Naouri) : " La mondialisation fût d'abord financière ".

Ce propos est une lourde approximation puisque les échanges de biens (les grumes d'Afrique, les tracteurs américains, etc) ont nettement précédé les flux financiers EN IMPACT sur la division internationale du travail ET sur la vie des producteurs et des consommateurs.

Oubliant le plan Marshall qui fût tant physique que financier, l'auteur omet donc une question : même sans la Communauté européenne, croit-on sérieusement que la mondialisation n'aurait pas concernée l'Europe ?

Ce phénomène méta-économique qui est d'abord une synthèse entre la division internationale du travail chère à Adam Smith et la théorie des avantages comparatifs chère à David Ricardo n'aurait pas contourné notre pays sauf à imaginer une France à mi-chemin de l'Albanie des années 70 et de la Corée du Nord des années 80.

Oubliant le travail de redressement de Raymond Lévy et déchaînant une haine contre Louis Schweitzer (4249), Eric Zemmour réécrit l'histoire récente de Renault qui n'avait d'autre choix – comme Air France maintenant – de disposer d'une gamme low-cost à côté de sa gamme usuelle.

L'auteur aurait besoin de lire " L'avantage concurrentiel " de Michaël Porter et de mieux cerner les rouages imposés de la spécialisation internationale si finement analysée par le CEPII dès les années de Gérard Lafay.

Ne lui en déplaise – tout autant qu'à nous – " la mondialisation est systémique " (6544) et s'impose à notre génération. L'auteur passe à côté de la question de la volatilité des facteurs de production (le capital choisit, le travail suit), de la destruction créatrice (Schumpeter et l'innovation), du progrès technique qui est spectaculaire mais souvent récessif d'emplois, de la migration des process vers des modes plus écoresponsables, etc.

Il ne parle pas non plus du droit de la concurrence de notre Europe qui à force de torturer la notion de marché pertinent a bloqué la fusion de l'aluminium (Alcan-Péchiney-Alusuisse) qui a abouti à une victoire provisoire d'Alcan puis de Rio Tinto.

Il n'évoque pas non plus le rachat programmé de groupes européens par des opérateurs du Sud et oublie le caractère précurseur de Mittal. On rachète un fleuron (Arcelor) laborieusement élaboré puis on rationalise certains sites d'autant plus que certaines technologies de pointe ont été transférées dans des pays à bas coûts rendant ainsi leurs unités de production performantes et rentables.

Le risque de déclin, c'est donc la perte d'attractivité de l'Europe ou sa porosité excessive aux OPA de demain. L'Union doit repenser sa stratégie et raisonner à égalité pour le consommateur et pour le producteur.

Là où Eric Zemmour ne voit qu'une Europe des marchands, il gomme la vulnérabilité juridique de notre appareil productif qu'a implicitement admise Pascal Lamy (Audition au Sénat, 7 mai 2014).

Le risque de déclin tient aussi à deux chiffres : plus de la moitié du capital et des droits de vote des groupes composant le CAC 40 sont en général détenus par des non-résidents tandis que plus de 85% du chiffre d'affaires de ces fleurons est réalisé hors de France. Du maintien des sièges sociaux en France à l'amélioration des liens donneurs d'ordres / PME dépendra beaucoup. (voir délais de paiement et les quelques 500 milliards de crédit inter-entreprises).

En revanche, on ne peut que souscrire à son analyse des effets sociaux de la mondialisation et des risques de paupérisation de millions de travailleurs et travailleuses français.

Pour le reste, il se veut homme de pensées mais peine à écrire autre chose que : " L'idéologie de la mondialisation, antiraciste et multiculturaliste, sera au XXIème siècle ce que le nationalisme fut au XIXème siècle et le totalitarisme au XXème siècle, un progressisme messianique fauteur de guerres; .../..." (7918).

Face à une telle phrase, en tant qu'économiste, j'aurais matière à répondre. Mais je prends le parti de soumettre au lecteur les lignes de Jacqueline de Romilly (" Le sourire innombrable ", 2008) : " J'ai écrit ce livre parce que je suis lasse du pessimisme vraiment sinistre de trop d'ouvrages qui se publient actuellement et de trop de propos qui s'échangent de façon quotidienne. Le monde ne va pas bien, c'est vrai; les misères se révèlent chaque jour plus nombreuses dans bien des pays; la situation même de la France n'est pas à tous égards excellente. Mais devons-nous nous laisser aller à ces perpétuelles descriptions de l'horreur et, qui plus est, à un découragement inutile ? "

Faut-il lire Eric Zemmour ou Erik Orsenna et " L'avenir de l'eau " ?

Faut-il apprécier l'approximation ou savourer la précision lucide ?

◊ Ce doigt accusateur qui n'est que rétroviseur

En clôture de cette contribution où la partie économique a volontairement été contenue, il appert qu'Eric Zemmour est un esprit vif qui aime jouer à la marelle davantage que décortiquer analytiquement les situations et leurs enjeux. Tel un skieur, il slalome avec les peurs du moment mais se cantonne dans un impressionnisme sans portée opérationnelle.

Une plume féconde, un bec pointu jusqu'à l'excès et des pages dificiles où Vichy n'est pas condamné sous prétexte de remise en cause de la doxa paxtonienne.

Sur l'Europe, le mépris et la mauvaise maîtrise du droit bloquent l'accès à un débat fructueux d'autant que notre Continent sera chaque décennie davantage multiculturel et épris de libertés publiques. Deux notions abominables pour Zemmour lorsqu'elles sont accolées.

Quand Eric Zemmour qualifie de " magnifique " (2481) le texte de l'appel de Cochin diffusé par Jacques Chirac en 1978, il est dès lors délicat de vouloir imaginer sa contribution à l'Europe qu'il caricature.

" Tous les rêves d'une Europe fédérale se briseront sur l'absence de peuple européen. Il y a un peuple américain, un peuple indien, un peuple brésilien, et même un peuple allemand (on l'a encore vu en 1989); mais s'il y a une culture européenne, il n'y a pas de peuple européen. " (5003).

En écrivant cela, l'auteur est une sorte de " général micro " (pour reprendre le surnom donné à de Gaulle par la propagande de Radio Paris) tourné vers le rétroviseur avec le doigt accusateur d'un lecteur attentif de Maurras. C'est son droit mais cela ne garantit pas son objectivité.

Cela forge ses convictions d'exclusion nationale et d'exclusive politique. Dans ce périmètre intellectuel et idéologique (voir Destutt de Tracy, " Eléments d'idéologie ", 1826), on est loin du " le nationalisme, c'est la guerre " (François Mitterrand, 17 janvier 1995) et d'une pensée clairvoyante.

Lire un livre, c'est toujours faire une suite de rencontres, débusquer des idées et les sélectionner. Lire Zemmour n'a pas échappé à cette règle par-delà les passages qui génèrent - a minima - de l'enchifrènement.

◊ En conclusion

Au nom des silhouettes qui peuplent – pour ne pas dire hantent – le livre " Le suicide français ", je tiens à vous rapporter un extrait du livre " Ce que je crois " (1992) en sa page 144 : " Je n'ai pas oublié non plus ce que m'avait enseigné ma mère : " Quand tu vois deux chiens qui se battent, par réflexe et sans discuter, tu prends le parti du chien qui a le dessous ". Underdog en anglais. Si j'ai un remords, c'est de ne pas avoir autant qu'il l'aurait fallu, autant que je l'aurais pu, pris position pour l'underdog ".

Cet auteur, que j'ai eu le plaisir de rencontrer, se nommait Jean-François Deniau.

Je m'interroge à voix haute sur la considération qu'il aurait eu pour l'auteur Zemmour dont ma contribution traite de manière forcément imparfaite et peut-être encore trop parcellaire.

En revanche, j'attends que des voix de sagesse et d'ambitions comme la sienne nous parle du " **next move** " de l'Europe.

Pour le reste, après cette lecture d'un homme d'exception qui voit notre Nation suicidée, je suis allé me replonger dans quelques feuilles noircies par Aristide Briand qui croyait aux valeurs du siècle des Lumières et qui a su œuvrer pour la réconciliation de l'humanité.

XXXII

Le citoyen et la dislocation du politique

Depuis le mois d'août 2014 et la constitution du Gouvernement Valls II, les aiguilles de l'horloge du temps semblent s'être affolées au point de nous faire frôler l'avant-goût d'une sérieuse crise politique.

Traditionnellement, le mois d'août est une période calme. Comme l'écrivait l'estimé Pierre Viansson-Ponté dans son article du 1er septembre 1975 (Le Monde) : " Allons ! Le sourire en ville, la hargne et la fièvre en vacances, cet entracte dans la lutte des classes....Décidément, le mois d'août, c'est le monde à l'envers ". Effectivement, août 2014 a été le monde à l'envers et l'autorité de l'exécutif a ainsi été sérieusement remise en cause depuis les micros de Frangy en Bresse. La suite est connue : exit Monsieur Montebourg, exit Monsieur Hamon et exit suite à une lettre intéressante à lire et relire de Madame la Ministre de la culture.

Depuis, il y a une forme de dislocation du P.S et les récents écrits (sur son blog : " Cà suffit ") de Claude Bartolone font écho à la tribune de Benoît Hamon qui a été jusqu'à écrire que la politique actuelle " menace la République ". Il ne s'agit plus de discussions entre courants mais d'une ambiance survoltée tenue devant les citoyennes et citoyens médusés. Eux qui ont, pour une large part, le sentiment d'avoir été actéonisés au regard de ce qu'ils escomptaient de ce quinquennat.

L'autre foyer de dislocation du politique tient bien évidemment à ce revirement, à cet abandon du Bourget pour les lignes d'autocars du sémillant ministre Macron. On se souvient du fameux slogan : " on ne nous transporte pas, on nous roule ". Or, la politique et ses fragrances affairistes (pluri-partisane) donnent un haut-le-coeur à la communauté de France, celles composés de nationaux comme d'étrangers. En effet, chaque affaire est " en bloc et en détail " ("sic" Jérôme Cahuzac) un coup de pique à la vie démocratique, à la notion de paix sociale. Chaque affaire pousse certains à rejoindre les rangs d'un parti nommé Front national qui suscite désormais une forme de désir comme les approximations d'un auteur nommé Zemmour.

La dislocation de l'arc républicain est en marche et représente une arête vive de la crise de cet automne. Et pourtant, nous devrions avoir le souvenir du temps : le député de la Nièvre Christian Paul n'a-t-il pas écrit récemment sur son fil tweeter une référence aux années 30. Hélas, trois fois hélas, " L'oubli pousse sur l'histoire comme la mousse sur les tombeaux. " (François Baroin, in " Journal de crise ", p. 62). Au demeurant, bien des élus du P.S, s'ils devaient retrouver le chemin de Solutré seraient victimes d'acrophobie.

La dislocation du politique tient au discrédit de la parole politique. Souvenons-nous de l'aimable Jean-Pierre Raffarin et du permis de conduire à un euro. Pour l'instant, ni le prix ni le délai d'obtention n'ont trouvé solution. Et ceci nuit à l'employabilité des jeunes qui ont souvent besoin du papier rose pour tenir un emploi ou pour s'y rendre.

En matière fiscale, l'instabilité – dénoncée y compris par le Conseil d'Etat depuis plusieurs années - freinent les entrepreneurs et altèrent la visibilité. Nombre de nos textes sont des " crux juris " c'est-à-dire porteurs de difficultés fort significatives pour les juristes.

Plus avant et hic jacet lepus (là gît le lièvre), nous sommes tous médusés de voir le Pacte de responsabilité s'étirer en longueur pour ce qui concerne sa définition finale et son déploiement. Annoncé le 31 décembre 2013 et surtout confirmé par le Chef de l'Etat en date du 14 janvier 2014, où en sommes-nous ?

Pendant ce temps-là, les retours du terrain montrent qu'une part non négligeable du produit du CICE ne va pas au renforcement de la compétitivité mais alimente des IDE (investissements directs à l'étranger) et des hausses de salaires qui sont par ailleurs les bienvenues si l'on se rapporte au glissement décennal du partage de la valeur ajoutée.

La dislocation du politique, c'est l'émiettement des blocs traditionnels. Le retour plus poussif que prévu de l'ancien Président, la balkanisation de l'UMP en chapelles ne donne pas de couleurs à cette droite républicaine qui mesure parfaitement la dynamique du Rassemblement Bleu Marine. Or, face à ces faits l'exécutif voit son impopularité lui fermer l'accès à de grandes réformes institutionnelles. Nous avons déjà écrit sur ce site que 2 sénateurs et 3 députés par départements étaient une hypothèse pertinente au lieu de près de 1.000 parlementaires. Mais comment faire passer une telle réforme par le Congrès ? Par le référendum ? Tout le monde a compris l'impasse d'un pouvoir qui n'a désormais que le martinet de la dissolution à la main pour tenter de tenir à la baguette une majorité où les Frondeurs existent bel et bien.

La dislocation du politique, c'est enfin le sentiment d'êtres gouvernés de loin. Ainsi, la réforme de la carte régionale a donné la vive impression de " l'exercice solitaire du pouvoir " alors qu'elle a du être réfléchie mais mal annoncée, mal " vendue ".

La politique c'est bien l'action autant que la pédagogie de l'action. " Je le crois parce que je l'espère " Léon Blum, dernier écrit.

De cette contribution encore un peu lacunaire, il faut retenir que nous sommes à un moment financier délicat et que les marges de manœuvre sont minces tandis que la désespérance sociale bien présente va persister en 2015.

En attendant cette histoire qui se déroule devant nos yeux interrogatifs et nos esprits anxieux, je suggère de relire l'article 6 de la Constitution de 1793 : " La liberté est le pouvoir qui appartient à l'homme de faire tout ce qui ne nuit pas aux droits d'autrui : elle a pour principe la nature; pour règle la justice; pour sauvegarde la loi; sa limite morale est dans cette maxime : Ne fais pas à un autre ce que tu ne veux pas qu'il te soit fait ".

Dans son dernier livre (" Devenir soi " commenté ici en conclusion d'ouvrage), Jacques Attali indique la montée de la violence des sociétés. Cet article constitutionnel a donc une actualité : il a aussi une consistance à valeur de feuille de route pour les Républicains.

XXXIII

Politique : le crépuscule des élus

La crise économique ne faiblit pas tandis qu'est en train d'éclore une forme insidieuse de crise politique. Suite à une série de facteurs cumulatifs, la France semble engagée sur la route du crépuscule de ses élus ce qui peut être salvateur ou périlleux. Notre histoire commune le dira.

Sur un plan strictement objectif, la situation n'est pas une photographie instable ou floue. Elle se caractérise par une défiance inexorablement croissante vis-à-vis de la sphère politique, c'est à dire des élus, de la politique qu'ils conduisent et des perspectives qu'ils tracent pour la nation. Ce triple rejet progressif est manifeste.

L'ancien maire de Lyon, Edouard Herriot a ainsi écrit dans " Créer " (1919) : " Ce manège incertain de ruse, d'intrigues et de fourberie que nous décorons du nom de politique ". Près de cent ans plus tard, ce jugement garde sa pertinence d'autant qu'elle émane d'un praticien à la longue carrière.

En 2014, le vote vers un parti ouvertement protestataire, l'état d'émiettement de l'opposition, l'âpreté des clivages internes à la majorité de 2012 et le refuge vers l'abstention sont des indicateurs-clefs qui viennent corroborer les sondages.

Hors opinion politique, tout un chacun sait bien que réformer un pays avec 13% d'opinions favorables (sondage effectué avant la parution d'un certain livre) relève de la gageure. Mais plus fondamentalement, la ductilité de la confiance citoyenne éprouve des limites. D'autant plus vite que les excès de certains élus provoquent l'émergence d'un profond dégoût et le sentiment répandu qu'une caste vit désormais hors-sol. Certains oublient leur compte en suisse (l'ancien ministre Jérôme Cahuzac), d'autres oublient que les déclarations d'impôts sont....annuelles (ancien secrétaire d'Etat Thomas Thévenoud), d'autres ne sont pas exhaustifs dans leur déclaration de patrimoine (ancienne secrétaire d'Etat à la francophonie) et enfin d'autres oublient qu'il n'est pas légal de donner des subsides à des électeurs potentiels (cas municipal récemment soumis à procédure judiciaire). Bref, alors que la société voit ses nervures ici ou là séchées par les brûlures de la crise, les élus croquent la vie à pleines dents sans trop de soucier – dans d'illustres cas – de la vie des " sans-dents ". (sic).

Face à ce propos rapporté et non vérifié, il revient à la mémoire une phrase extraite de " L'espoir " (André Malraux, La Pléiade, p.581) : " Plus une cause est grande, plus elle offre un grand asile à l'hypocrisie et au mensonge ". De facto, nos élus accordent volontiers asile à la duplicité et il est tout de même troublant d'entendre certains dirent " qu'ils savaient pour Cahuzac ". A force de déviations et déviances au regard de la légalité, bien des élus pénètrent dans le système opaque des obligeances mutuelles où chacun tente de recouvrir sa situation au moyen de feuilles d'or.

A ce sujet, l'activité des chambres régionales des Comptes mérite d'être positivement relevée : parfois les feuilles de papier de leurs rapports finissent par des jugements et des sanctions. (exemple célèbre des passation de marchés pour les constructions de lycées en Ile de France).

Mais comme l'a écrit le professeur Pierre Legendre : " Tout le monde sait en France que le pouvoir est un mystère, qu'il est pur quand il est reconnu souverain et céleste, mais impur quand on se réfère à la bassesse humaine et à la chose la plus sale, l'argent. Dans l'Etat, personne n'est là pour l'argent ni pour aucune sorte de propriété. Nous sommes au bord de la mystique, en présence d'un drame des croyances. " (in " Jouir du Pouvoir. Traité de la bureaucratie patriote ", 1976, p.131).

Oui, le divorce entre la société civile et sa représentation élective est désormais un drame car " il ne faut pas ignorer que l'histoire est tragique " (Raymond Aron) et que les doutes avérés d'un peuple peuvent créer des grondements profonds.

Avec l'automne, les feuilles mortes se ramassent à la pelle comme nous l'indique une chanson bien établie dans la mémoire populaire d'autant que ce fût la seule que Lionel Jospin acceptât de fredonner devant des caméras de télévision.

En poursuivant cette métaphore, relevons 8 feuilles qui dessinent le contour de notre vie commune.

1) La lourde feuille de soins du début du quinquennat :

De plus en plus d'économistes convergent pour conclure que la hausse de la pression fiscale de 2012 (succédant aux dernières mesures Fillon de 2011) a bien respecté la courbe de Laffer selon laquelle : " trop d'impôt tue l'impôt ". Pour notre part, nous avons déjà écrit qu'à ce niveau : trop d'impôt tue la confiance et l'emploi.

2) La feuille électorale déchirée par surprise :

2012 et les différents discours phares du candidat ont fait l'objet de l'impression de millions de feuilles électorales programmatiques. A voir le début d'inflexion de novembre 2012 (rapport Gallois) et la conférence de presse du 14 janvier 2014, il est patent que la feuille électorale soumise à l'approbation du peuple français a été déchirée. Par surprise davantage qu'avec doigté et pédagogie collective.

3) La contrainte inégale des feuilles d'impôts :

Depuis le cas illustre de Jacques Chaban-Delmas dans le début des années 70 (qui avait lourdement usé du système de l'avoir fiscal), les Français ont hélas compris que le monde des élus est en marge de certaines obligations fiscales. Nous avons tous en mémoire des dizaines d'exemples, alors à quoi bon les citer : l'affaire est entendue. D'autres affaires en cours voient des responsables en capacité d'honorer des cautions s'élevant à un million d'euros.

4) La feuille de paye et la famille :

Cas des élus ayant recours à l'embauche de personnes ayant des liens familiaux (assistant parlementaire, etc).

5) La feuille de brik et la cassette :

Cas où des élus tentent d'abriter des caisses occultes (Urba), des fausses facturations (Bygmalion), des constitutions de patrimoine personnel derrière des montages savants ou rustiques et transparents tels des feuilles de brik.

6) L'insoutenable légèreté de certaines feuilles de présence :

L'affaire DSK, le cas de plusieurs conseillers de Paris, de députés européens montrent que les élus ont plus de temps que nous le pensions. Il n'y a donc pas que le travail dans leurs vies par-delà la légèreté de certaines feuilles de présence. Il n'est quand même pas exagéré que de demander une concentration maximale par temps de crise. A comparer avec la pression sur les emplois du temps qui règnent dans la plupart des entreprises privées.

7) Les liaisons dangereuses avec les feuilles de journal :

S'agissant des journaux papier ou des médias dématérialisés, les élus savent jouer avec le feu pour obtenir des textes louangeurs ou des omissions opportunes. Là encore, les gazettes sont remplies d'informations rapportant des liens personnels entre élus (élues) et journalistes. La porosité de cette muraille de Chine est un fait : il peut être blâmable s'il nuit à la déontologie d'un corps professionnel soumis aux avantages du pouvoir.

8) La feuille de route et le débat cadenassé :

Les institutions de la Cinquième République ont beaucoup apporté à notre pays. Le quinquennat se révèle déjà – depuis dix ans – comme une erreur par rapport au septennat non renouvelable. A l'heure où beaucoup s'interrogent sur la sixième République, il est opportun d'imaginer un véritable statut de l'élu et une mise à niveau des législations sur le financement des partis politiques. Des cas récents ont montré que ces derniers devaient être mieux gérés, à tout le moins.

Le débat est cadenassé sur tous ces sujets car le phénomène de caste existe et que si nous devons serrer les dents, eux se serrent les coudes pour mieux continuer à avoir les coudées franches.

La feuille de route (politique de l'offre, etc) est en cours d'exécution " à l'insu du plein gré " des électeurs de gauche de 2012. Cette feuille de route n'est pas le chemin qui avait été tracé il y a deux ans et ressemble à l'énigme décrite par l'économiste Galbraith : " Le pouvoir présente de curieux problèmes pour une communauté qui abhorre son existence, désavoue sa possession mais estime son exercice ". (in " Le capitalisme américain ").

Conclusion :

L'automne va donc apporter son lot de feuilles mortes et sa pluie d'amendements lors de la procédure budgétaire qui sera frondeuse donc houleuse.

La récession que tente de contrecarrer la BCE (voir nouvelle baisse des taux) est potentiellement un ennemi des libertés publiques car, en cas d'excès de désespérance, les peuples cherchent leur " Printemps " et non à courber indéfiniment l'échine.

Concrètement, il faut espérer dans ce rectangle blanc en feuille de papier qu'est le bulletin de vote. Cela étant, les huit feuilles précitées avec lesquelles nos élus aiment à jouer sont de véritables incinérateurs du jeu démocratique. Combien en ont vraiment conscience ?

Dans " La trahison des clercs " écrite par Julien Benda en 1927, il reprochait aux intellectuels de quitter le champ de la réflexion désintéressée pour entrer dans le champ de la réflexion politique. A ce jour, il me semble que lire et écouter Alain Touraine et Edgar Morin n'est pas superflu notamment au regard des appétits de tous ceux qui ne vivent qu'en fonction de leurs postures possibles en 2017.

XXXIV

Hommage à Simon Nora, ami d'épreuves

Une fiche wikipédia ou une notice who's who suffisent à présenter la carrière et le superbe parcours de Monsieur Simon Nora.

Ce fut un haut fonctionnaire remarquable qui sut servir avec attention et pertinence son pays depuis les ministères Mendès-France aux années Chaban-Delmas de la " Nouvelle Société".

Pour ma part, comme beaucoup, je l'ai découvert par deux écrits de haute tenue : ses rapports relatifs aux entreprises publiques et celui relatif à l'informatisation de la société française.

Admis en 1982 à l'Ecole Nationale d'Administration, j'ai de facto fais connaissance avec le Directeur qu'il était alors.

Exigeant mais humain, strict mais lucide, attentif mais fidèle à sa feuille de route sont les points saillants qui ressortent de son action.

Je crois pouvoir dire qu'il était très largement apprécié.

Pour ma part, son intelligence malicieuse et sa capacité à voir un coup plus loin me fascinait. Je garde en mémoire son talent lorsque l'E.N.A avait reçu le Président Badinter ou dans un autre genre le

Président Olivier Guichard, un des piliers de l'aménagement du territoire.

Le 13 Septembre 1984 fut la date où un aléa sévère de santé survenu sur voie publique allait modifier le cours de ma vie. Alerté par les services de Police-Secours, le Directeur Nora eut le tact de savoir prévenir ma famille et eut surtout les meilleurs réflexes possibles dans ses discussions avec le corps médical.

Il est médicalement avéré que sans lui, de mauvaises décisions auraient été prises : de celles qui vous laissent des séquelles.

En conscience, je considère devoir la vie à mon camarade d'école Nora qui n'a jamais voulu le reconnaître tout en acceptant de convenir qu'il m'avait un peu "aidé". (sic).

Chacun comprend donc l'intensité de cet hommage écrit à l'intention d'un homme qui fut ma bouée de survie il y a très exactement 30 ans.

Après mon départ volontaire du Service public, nous nous sommes recroisés alors qu'il était banquier d'affaires. Nos échanges n'ont jamais été frappés de banalité et – à une ou deux exceptions près – nous nous sommes toujours mutuellement appelés Monsieur.

Ce vocable Monsieur était une marque d'affection car il savait l'épreuve qu'avait été 1984 et il était physiquement heureux de ma rémission.

Cet homme m'a toujours conseillé de suivre les chemins de ma créativité et de ma liberté : il savait que les hochets du pouvoir n'étaient guère mon affaire par rapport aux mondes des idées et de l'influence.

Lorsqu'il nous a quittés, j'ai bien évidemment pris le soin d'écrire une lettre personnelle à son épouse. Celle-ci, cette dame, a souhaité me répondre par une longue missive.

Parfois, je la relis et suis submergé par l'émotion car si l'estimé Simon Nora m'a évité le pire, sa brillante épouse a su trouver des mots complémentaires et rares à ce que fut l'action de feu son époux.

Puissent les forces de l'Esprit évoqués par un élu de la Nièvre me permettre un jour, le moment venu, de remercier Monsieur Simon Nora à qui je dois déjà trente ans de vie.

" La tragédie de la mort est en ceci qu'elle transforme la vie en destin " a écrit André Malraux.

C'est exact pour l'ami Nora.

Quant à mon cas, il est simple à paraphraser : l'épreuve incontestable de 1984 fut une tragédie qui a transformé le destin qu'aurait pu rencontrer, normalement, ma vie.

à notre Directeur et à Monsieur Simon Nora, avec l'expression de mon respect intellectuel et charnel.

Rédigé le 22 septembre 2012.
Mis en ligne le 11 octobre 2014.

Jean-Yves ARCHER

Ancien élève de l'ENA

Démissionnaire du Service public

Economiste et chef d'entreprise

Républicain.

Conclusion

XXXV

Jacques Attali : un livre à valeur de grand dessein

Le dernier livre de Jacques Attali se nomme " Devenir soi " et a pour sous-titre " Prenez le pouvoir sur votre vie ! " " Vaste programme ! " aurait pu dire le Général de Gaulle. Mais, à la lecture, il s'agit plus d'une forte invitation qu'à un programme. L'affaire est donc plus subtile.

Pour résumer sans caricature, mais brièveté, la situation. Jacques Attali et sa sagacité intellectuelle avérée ont élaboré – depuis des décennies - des schémas et des dessins qui nous ont expliqué l'économie. Ici point d'exposé pédagogique voire magistral mais l'énoncé patient et méthodique d'un dessein : celui qui doit régir l'existence humaine. Du dessin au dessein, il y a la frontière du destin humain. Du schéma économique au schème transcendantal, il y a une nouvelle frontière individuelle et sociétale qu'appelle de ses vœux ardents Jacques Attali.

" Prenez le pouvoir sur votre vie ! " est un slogan qui peut être maltraité et mal interprété : pire, d'aucuns l'ont déjà dénaturé. L'auteur est opportunément assez expérimenté pour éviter les pièges des helminthes qui atteignent certains corps humains au point d'altérer leurs facultés de raisonnement. Il écrit un livre " doux " c'est-à-dire progressif, démonstratif et évite l'écueil toujours possible d'une écriture martiale. De nombreux exemples accessibles épaulent cet ouvrage.

N'ayant pas un style déclamatoire, il pousse donc le lecteur dans ses retranchements, dans sa citadelle intérieure. Il séduit ses lecteurs habituels qui retrouvent sa crainte de l'émergence trop manifeste des " hypernomades " (page 283, " Une brève histoire de l'avenir ", 2006) dont " quelques uns, plus cyniques que les autres, se mettront au service de l'économie pirate et en deviendront les maîtres ".

En première approche, deux points méritent l'attention : le thème des artistes et le thème des " entrepreneurs positifs."

S'agissant des premiers, l'auteur les installe au rang de fers de lance :

" Certains choisissent encore plus pleinement leur vie en devenant des artistes. Depuis toujours, l'artiste est à l'avant-garde du " devenir-soi" ; il se choisit un destin que nul ne pouvait choisir pour lui."

Puisque Jacques Attali cite, dans un autre chapitre Denis Diderot, on peut garder en mémoire cette citation : " Au moment où l'artiste pense à l'argent, il perd le sentiment du beau ". (Diderot).

On peut donc, et d'évidence, partager cette approche de l'auteur si l'on songe à l'inauguration du musée Soulages ou au succès des deux films récents dédiés à Yves Saint-Laurent.

S'agissant des seconds, des " entrepreneurs positifs " qui refusent, de facto, la dictature de l'instant et veulent s'inscrire dans un temps long, l'auteur indique qu' ils " décident de passer de l'égoïsme intelligent, qui en a fait des entrepreneurs, à l'altruisme rationnel, en quoi ils trouvent la réalisation de leurs aspirations dans l'aide aux autres, parfois même sans espérer en tirer profit". Certains exemples rapportés sont instructifs et précis.

Jacques Attali, toujours en douceur, avance alors le centre de son propos. Il estime que tout être peut rencontrer un " évènement " qui lui fait prendre conscience bon gré mal gré de son aliénation. Puis, il convient alors de faire une " pause " de se livrer à la méditation pour retrouver l'essence de ses forces intérieures et cesser de se fragmenter. D'autant qu' " Il n'y a rien à attendre de personne. Il est temps pour chacun de se prendre en main ".

" Oser affronter la salvatrice solitude " comme le formule l'auteur est bien souvent une nécessité au regard des épreuves des vies personnelle et professionnelle. Dans les cinq étapes (que le lecteur pourra découvrir), il y effectivement le fait d'admettre sa solitude et le fait de " prendre conscience que sa vie est unique ".

En synthèse, le chemin que nous suggère Jacques Attali est innovant :

" Il ne s'agit pas de résistance, ni de résilience, ni de libération, ni de désaliénation, ni de pleine conscience. Je proposerai ce mot : le devenir-soi."

Il décrit la violence du monde : la " Somalisation " du monde " quand ce pays perdit tout moyen d'appliquer une règle de droit. A ce propos, on a hélas envie d'abonder et de crier : René Cassin reviens, ils sont devenus fous !

Il décrit aussi la vacuité de nos démarches de citoyens des pays développés et introduit dans le débat la notion de " résignés-réclamants " : " Nous sommes tous peu ou prou des " résignés-réclamants " " attendant tout d'eux (ndlr : les politiques), réclamant priorités, dérogations et avantages ".

Le livre est donc porteur de lucidités acides tout autant que d'espoirs, particulièrement lorsque l'auteur évoque " les signaux faibles " d'une nouvelle " Renaissance " (Chapitre 1, emplacement 353 sous version Kindle) qui forme un chapitre d'optimisme et de croyance dans les vertus du progrès technique (santé, moindre pollution, etc).

Attaché – comme nous – aux progrès de la condition féminine, Jacques Attali aborde un sujet délicat dans ce livre : celui de la mésestime de soi d'où son interpellation : " Respectez-vous ". Pour ma part, j'y ai retrouvé des substrats conclusifs issus des travaux de l'émerillonné

Bruno Bettelheim, (" Les blessures symboliques ", 1954).

Une section traite des religions et des philosophes, et cite entre autres, Etienne de La Boétie (" Discours de la servitude volontaire " 1549) " l'homme désire en premier lieu être libre, s'arracher à sa condition servile. (...) La soumission est pour lui une forme du " devenir-soi".

Ainsi, dans cette rentrée contrariée par nos tracas de la vie et par cette crise qui s'étale en longueur et creuse son intensité chaque mois davantage, le " devenir soi " de Jacques Attali, profondément humaniste, porte haut l'idée " d'écrire pour toi un exposé suivi " (Luc 1,3) sans omettre l'esprit du livre d'Elie Barnavi (" Les religions meurtrières " (2006).

Oui, cet ouvrage est stimulant et nous montre notre dualité contemporaine : entre fureurs et désarroi d'un côté mais progrès et liberté de l'autre. Il milite pour un homme ou une femme le plus exonéré possible de l'aliénation ce qui est une clef pour demain à condition de se prendre en mains et de méditer en ayant par exemple la juste maîtrise d'images hypnagogiques que Carl Jung a définies comme celles " qui apparaissent dans la phase intermédiaire entre la veille et le sommeil ou lors du réveil ". Une phase de méditation, donc.

Pour joindre l'auteur : cabinetarcher@orange.fr

Annexe

XXXVI

En guise de portrait chinois

Si vous étiez une saison ? *L'Automne.*

Si vous étiez une couleur ? *Le bleu Klein.*

Si vous étiez une fleur ? *Le coquelicot.*

Si vous étiez un animal ? *La salamandre.*

Si vous étiez une région ? *Le Morvan.*

Si vous étiez un pays ? *La France.*

Si vous étiez une ville ? *Valmy !*

Si vous étiez un monument ? *Le mur de la Paix au Champ de Mars.*

Si vous étiez un événement ? *Le 9 novembre 1989 : chute du mur de Berlin.*

Si vous étiez un sport ? *La natation.*

Si vous étiez un objet ? *La clef.*

Si vous étiez un instrument de musique ? *Le piano.*

Si vous étiez une chanson ? " *Ensemble on est moins seul* " *(H. Aufray)*.

Si vous étiez une odeur ? *Celle de la lavande.*

Si vous étiez un nombre ? *Le 8.*

Si vous étiez un mot ? *L'ardeur.*

Si vous étiez un défaut ? *Le ressentiment.*

Si vous étiez une qualité ? *La persévérance.*

Si vous étiez un film ? *L'armée des ombres.*

Si vous étiez une actrice ? *Dominique Sanda.*

Si vous étiez un acteur ? *Philippe Noiret.*

Si vous étiez une devise ? " SIMVL ET SINGVLIS "
Etre ensemble et être soi-même
                    (Devise de la Comédie-Française).

Si vous étiez une heure de la journée ? *Celle du déjeuner.*

Si vous étiez un arbre ? *Le figuier.*

Si vous étiez un fruit ? *Une cerise.*

Si vous étiez un bonbon ? *Le carambar d'Antoine Riboud.*

Si vous étiez une émission de télévision ?
Apostrophes.

Si vous étiez un personnage de bande dessinée ? *Le Chat (Philippe Geluck).*

Si vous étiez un vêtement ? *Un bleu de travail.*

Si vous étiez un métier ? *Enseignant d'Economie.*

Si vous étiez un plat ? *Des tomates farcies.*

Si vous étiez un jour ? *Le lundi.*

S'il était votre oncle ? *Marcel Jullian.*

S'il était un vieil ami ? *Francis-Louis Closon.*

S'il était un complice ? *Claudius Brosse.*

Si vous étiez complice ? *De nos deux enfants !*

Si vous étiez quelqu'un d'autre ? Jean-François Deniau.

S'il était votre proche cousin ? Erik Orsenna.

Si vous étiez une boisson ? Un verre de Richebourg !

Si vous aviez plus de temps ? Alors, que vive l'écriture !